民事裁判
手続の
IT化

山本和彦
Kazuhiko Yamamoto

弘文堂

はしがき

　本書は、民事訴訟の IT 化に関する令和 4 年民事訴訟法改正の解説を目的
とする。民事訴訟の IT 化については、日本は諸外国に遅れをとっていたが、
近時、取組みを本格化させており、折からの新型コロナウイルス感染症蔓延
の影響をも受けて、急激に実務に浸透しつつある。令和 4 年改正は段階的に
施行され、すでに施行されている部分もあるが、その中核部分は令和 7 年度
（2025 年度）に施行され、改革が完了する予定である（ただし、民事訴訟以外の
民事裁判（民事執行・保全、倒産、家事事件等）の IT 化は、令和 5 年の法改正に基
づき令和 9 年度（2027 年度）施行の予定である）。

　今回の改正作業は、平成 29 年（2017 年）に内閣官房の「裁判手続等の IT
化検討会」において開始され、その議論が法制審議会に引き継がれ、法改正
に至ったものである。筆者は、その間、同検討会の座長、法制審の部会長等
として継続的に改正の議論に携わってきた。筆者が最初にこの問題に関わっ
たのは、確か平成 29 年春頃、内閣官房の方々と民事裁判の IT 化に関して一
般的な意見交換をした機会であったように記憶している。筆者自身は（当時
携帯電話等も使わない）「IT 弱者」であり、あまり有益な話もできなかったと
思うが、何かの縁ですでに 6 年余この問題に関与してきた（今後の最高裁判所
規則の改正等も考えると、さらにもう数年関わっていくことになろう）。30 代初め
頃から法律の立案作業に関与してきた筆者にとっては、これが「最後のご奉
公」という意識もあった。その意味で、思い入れの深いこの改正について本
書を著すことができたことは、個人的にも望外の幸せである。

　本書は、第 1 章において、令和 4 年改正の意義やそれに至る経緯を概観し
ている。本書のイントロダクションに相当する。そして、第 2 章において、
改正内容につき項目ごとに比較的詳細な紹介・検討を行っている。本書の中
核的な部分である。そこでは、前記検討会で全面 IT 化を目指すキー・コンセ

プトとされた「3つのe」に即して、申立て等のIT化、期日等のIT化、事件記録等のIT化について順次論じ、その後に、IT化を活用した新たな手続である法定審理期間訴訟手続、IT化による情報拡散の弊害に対処する住所・氏名等の秘匿手続につき紹介し、最後にその他の改正部分を取り扱っている。IT化の影響が極めて多岐に及ぶことを感得いただけるものと思う。最後に、第3章において、IT化の将来として、民事訴訟以外の民事裁判のIT化（令和5年改正）、裁判以外の紛争解決手続のIT化（いわゆるODR）、さらに紛争解決におけるAIの活用といった周辺的な問題についても概観している。

　本書でも繰り返し述べているように、IT化はそれ自体が目的ではなく、1つの手段にすぎない。民事裁判のIT化に関して言えば、その目的は、利用しやすく、適正かつ迅速な民事裁判を実現することにある。今回実現するIT化を使って、いかにそのような民事裁判の実現を図っていくかは、今後の実務の知恵と工夫に係っている。法定審理期間訴訟手続の活用を含め、実務の展開に期待しながら、その動向を見守っていきたい。

　本書の執筆に当たっては、弘文堂の清水千香氏に全面的にお世話になった。清水氏の迅速な作業がなければ、本書がこの時期に刊行できることはなかったし、清水氏の丁寧な校正によって本書にありえた多くの誤りが修正できた（もちろん、残存する誤りは全面的に筆者の責任である）。心より感謝を申し上げる。最後に、本書を筆者の2人の孫、清水風椛と稲村梛斗に捧げることをお許しいただきたい。

　　2023年5月

　　　　　　　　　　　　　　　　　　　　　　山本　和彦

第3章　さらなる IT 化の展開

凡　　例

(1)　法令名

条文のみ　　　民事訴訟法の条文
　　　　　　　・「旧」と記載したものは令和 4 年改正前の条文
　　　　　　　・何も記載がないものは令和 4 年改正（令和 4 年法律第 48 号）後の条文
mints 規則　　民事訴訟法第 132 条の 10 第 1 項に規定する電子情報処理組織を用いて取
　　　　　　　り扱う民事訴訟手続における申立てその他の申述等に関する規則

　上記以外の法令名の引用については、大方の慣例による。

(2)　判例集

民集　　　　　最高裁判所民事判例集
刑集　　　　　最高裁判所刑事判例集
集民　　　　　最高裁判所判例集民事

(3)　報告書等

報告書　　　　「裁判手続等の IT 化に向けた取りまとめ—『3 つの e』の実現に向けて—」
　　　　　　　（2018 年 3 月）
部会　　　　　法制審議会民事訴訟法（IT 化関係）部会
部会資料　　　法制審議会民事訴訟法（IT 化関係）部会資料
中間試案　　　民事訴訟法（IT 化関係）等の改正に関する中間試案（2021 年 2 月）
要綱案　　　　民事訴訟法（IT 化関係）等の改正に関する要綱案（2022 年 1 月）
要綱　　　　　民事訴訟法（IT 化関係）等の改正に関する要綱（2022 年 2 月）

(4)　文献

重要論点　　　『民事裁判手続と IT 化の重要論点—法制審中間試案の争点』（有斐閣、2021
　　　　　　　年）
中間試案補足説明・別冊 NBL175 号　　　『民事訴訟法（IT 化関係）等の改正に関する中間
　　　　　　　試案』別冊 NBL175 号（商事法務、2021 年）

ジュリ　　　　ジュリスト
ひろば　　　　法律のひろば
法時　　　　　法律時報
民訴　　　　　民事訴訟雑誌
L&T　　　　　Law & Technology

第1章
IT 化改正の意義と経緯

1　IT 化の意義

　社会における IT 化の進展は、間違いなく司法の領域にも及んでくる。司法は本質的に保守性を有しているが、最終的には社会的趨勢の浸透は不可避のものである。そして、この IT 化の場面では、より積極的に、利用者の利便の向上のためにも、そのような進展が不可欠なものと考えられる。それが便利であるからこそ、世の中全体に IT 化が進展してきたとすれば、利用しやすさが永遠の課題とされている民事司法において、IT 化は司法アクセスの[1]様々な障害[2]を打破する契機となりうる潜在力を秘めたものである。すなわち、距離のバリアの打破（オンラインにより僻地からでも裁判所にアクセスが可能となる）、費用のバリアの打破（IT の廉価性により資力の乏しい者でも裁判所にアクセスが可能となる）、さらには、後述の IT リテラシーの問題の解決が前提となるものの、心理的バリアの打破[3]（IT によって裁判所の敷居の高さやコミュニケーションギャップを除去することが可能となる）も実現しうる。その意味で、SDGs の観点から、紛争解決においても誰も取り残さない社会をもたらしうる有力なツールとして、IT 化は注目されることになる[4]。

　IT 化の具体的なメリットとしては、まず、訴訟上の書面をデジタル情報と

1）　民事訴訟の利用者調査において、「日本の民事裁判制度は、国民にとって利用しやすい制度だと思いますか」という質問に対して、肯定回答の割合は、2006 年 23.6％、2011 年 22.2％、2016 年 23.9％と相対的に低い水準で推移している（直近の調査結果につき、民事訴訟制度研究会編『2016 年民事訴訟利用者調査』（商事法務、2018 年）207 頁以下参照）。

2）　以下に述べるような司法アクセスに対する障害の詳細な分析については、山本和彦『民事訴訟法の現代的課題』（有斐閣、2016 年）550 頁以下参照。

3）　ただ、将来的には、IT による方が対面等よりもコミュニケーションの心理的ハードルが下がる可能性もある。現在でも、電話ではうまく話せないが、メールやチャット等であればコミュニケーションが可能であるという若者は多数存在するといわれる。

して取り扱うことができれば、訴訟において提出・交換・送達等がされる情報を当事者または裁判所は一々プリントアウトする必要がなくなる点が挙げられる[5]。また、書面を郵送したり、裁判所に持参したりすることが不要となり、裁判所の受付に並んだり、受付時間を気にしたりする必要もなくなり、手間が省けることに加えて、郵送等によるタイムラグ（無駄な待ち時間）がなくなり、訴訟進行のスピードアップも可能となる。さらに、訴訟における費用をオンラインで納付できれば、今のように印紙や郵券を購入したり管理したりする当事者や裁判所の負担も軽減される。

　また、期日等のオンライン化（ウェブ会議化）が実現すれば、期日等のために当事者が裁判所に出頭する負担がなくなる。これは、遠隔地の当事者にとって時間や費用、さらに手間の大幅な節減に繋がる。様々な意味で多忙な当事者、すなわち、仕事が忙しい当事者、介護や子育てで忙しい当事者等は、平日の勤務時間帯にそもそも外出が困難な場合も多く、そのような当事者にとって訴訟追行の負担の大きな軽減になりうる[6]。その結果として、期日等の日程調整が容易になり、訴訟進行の迅速化をもたらす可能性がある。また、訴訟に関与を求められる第三者である証人等にとっても、オンラインで関与ができれば裁判所に出頭する負担が軽減する[7]。加えて、DVのような場合が典型的であるが、相手方当事者と接触したくないと感じ、危害を加えられる恐れ等を当事者が抱いているような場合にも、オンラインで訴訟参加ができることは極めて有効であり、そのような者の裁判を受ける権利を実質的に保障する意味合いもあろう。

　さらに、事件記録がデジタル化され、裁判所の外からその記録にアクセス

4）　SDGsの目標（goal）16.3は「国家及び国際的レベルでの法の支配を促進し、全ての人々に正義へのアクセスを提供する」ことにより、司法（紛争解決）の分野においても、誰も取り残さない社会の実現を求めるものである。

5）　これは司法における紙の使用量を抑制し、資源の節減にもなろう。

6）　結果として、弁護士を依頼せず本人訴訟で訴訟を追行できる可能性が増えるし、弁護士を依頼する場合であっても、本人が期日等に関与できる可能性が増大する。

7）　特に証人等は、本来事件に無関係で訴訟に巻き込まれた者であることを考えれば、そのような者の負担の軽減は訴訟制度にとって重要な課題といえよう。

できるとすれば、事件記録を閲覧等するために一々裁判所に赴く必要がなくなる。基本的に、24時間365日自宅や事務所等から事件記録にアクセスすることができ、事件の現状をその都度確認できるようになり、当事者等の負担が軽減される。また、事件記録をモバイル等で閲覧することができれば、時に大量に及ぶ事件記録を紙として持ち歩く必要がなくなり、当事者側、裁判所側の双方にとって大きなメリットとなろう。さらに、裁判所における事件記録の保管スペースの節減ともなり、記録の保管期間もより長期化することができる可能性があろう。

　以上のようなIT化の直接的なメリットのほか、このIT化は民事訴訟の審理のあり方に大きなプラスの影響を与える可能性がある。これは、IT化で一般にいわれる、いわゆるDX（デジタル・トランスフォーメーション）の観点である。すなわち、IT化は、それ自体が目的ではなく、それによって仕事のやり方を変え、より生産性を上げていくツールに過ぎないという考え方である。民事司法の場面でいえば、ITを活用して当事者にとって利用しやすく、充実した迅速な審理を可能にするような様々な実務的工夫の可能性が生ずることがIT化の大きなメリットとして評価できよう。それによって、IT化は間接的にも利用しやすい民事訴訟手続の実現に寄与する可能性があろう[8]。

　さらに社会全体の観点も重要である。社会は今後、加速度的にIT化を進めていくことは間違いない。これは不可逆の社会の進路である。そこでは、むしろ単なるIT化、デジタル化、オンライン化を超えて、より高度な技術の発展も予想される。最近のAI技術（ChatGPT等）の活用はもちろん、さらにはそれを超えた、現時点では具体的にイメージできないような技術が生まれ、急速に社会に普及していく可能性も否定できない。もし仮に司法がそのような社会の潮流に取り残された場合、広い意味での司法に対する国民の信頼を損なうおそれが否定できない[9]。司法というものの性質上、すなわち選挙等に基づく民主主義によって支えられておらず、抽象的一般的な国民の信頼・信

8）　このような観点からIT化のメリットにつき、特に裁判の迅速化から捉えたものとして、山本和彦＝清藤健一＝江原健志「座談会　裁判手続のデジタル化の展望」ひろば76巻4号（2023年）2頁以下参照。

用に依拠するという司法の性質上、抽象的な点ではあるが、この点は実は十分な配慮が必要な問題と考えられる。このような観点からも、社会全体の潮流にあまり遅れないような形でIT化を着実に進めていくことは必要不可欠な課題である。

　もちろんIT化にも弊害はある。たとえば、デジタルデバイド（IT弱者）の問題や情報セキュリティ（情報漏洩等のリスク）の問題である[10]。ただ、このような議論（慎重論）との関係で一点注意すべきであるのは、目先の改革に対して抵抗する声高な意見は目立ちやすいのに比べて、改革を求めるニーズはしばしば潜在化しやすいという点である。現状を変化させることに対する反対論・慎重論は切実なものを含み、強硬なものとなりやすいのに対し、変化の結果得られる利点はその時点では未だ予測に基づくものに止まり、抽象的なものとみられやすい。しかし、多くの技術革新（たとえば、コンピュータ、インターネット、携帯電話等の普及）の過程を振り返ってみると、当初は反対論や消極論が声高に主張されるとしても、多くの人々が実際にそれを利用して、その便利さにふれると、反対論はやがて沈静化していく運命にある。その意味では、もちろん慎重論の指摘する点（そのもっともな理由）には十分な配慮を要するものの、全体的にはサイレント・マジョリティの声に常に注意深く耳を傾けながら、将来を見据えて必要な改革を進めていく必要があろう。民事司法におけるIT化においても、この点はやはり妥当するものと思われる。

2　民事訴訟における新技術活用の歴史
──従来のIT化の試みとその停滞

　以上のようなIT化の意義を踏まえて、民事訴訟のIT化が現在、急速に進められつつある。従来の裁判所はまさに「紙の文化」であり、せいぜいファクシミリによる準備書面の交換や争点整理での電話会議システムの利用等に

---

9)　その意味では、同じ紛争解決を民間部門で担当するADR等の場面でのODRとの関係も重要な課題である。この点は、本書の最後で論じたい（第3章2参照）。

10)　これらについては、本章3(1)(iv)における議論を参照。

止まっていたところ、一種の革命的な変化のプロセスに入っているといって
よい。以下では、令和4年改正の前段階としての民事訴訟の新技術の活用に
関する歴史を簡単に振り返ってみたい。

(1)　現行民事訴訟法制定（平成8年改正）時の新技術の活用

　電話会議システムやファクシミリ等の技術は、今では IT 化というのもお
こがましい技術ではあるが、1996 年の現行民事訴訟法制定時においてこれら[11]
の制度が導入された頃は最先端に近い技術であった。

　まず、争点・証拠整理の手続においては、電話会議システムを用いた期日[12]
が可能とされた。弁論準備手続においては、期日概念を維持するため一方当[13]
事者の出頭が前提とされたものの（旧 170 条3項）、電話会議によることが認め[14]
られていたし、書面による準備手続においては、電話協議という形で、双方
当事者が不出頭の場合でも協議を行うことができた（旧 176 条3項）。これに
よって、歴史上初めて、当事者は裁判所に物理的に出頭しなくても手続を追
行することができるようになった。従来は、10 分間の期日のために東京・大
阪間を6時間以上かけて往復していたことを考えれば、画期的な進歩であっ
たことは間違いない。実際にも、電話会議による争点整理は、実務に確実に
浸透していった。

　また、証人尋問ではテレビ会議システムによる尋問の手続が導入された[15]（旧[16]

---

11)　ただ、コロナ禍で行政等において未だにファクシミリが活用されている実態が浮かび上がっ
　　たことは記憶に新しい。

12)　条文上は「裁判所及び当事者双方が音声の送受信により同時に通話をすることができる方法」
　　と表現されており、概念的にはテレビ会議やウェブ会議の方法も包含するものになっている。
　　ただ、現行法立法時にはそのような技術は一般に浸透しておらず、主として電話会議が念頭に
　　置かれていた。

13)　法務省民事局参事官室編『一問一答新民事訴訟法』（商事法務研究会、1996 年）197 頁参照（「裁
　　判所以外に誰も現実には出頭しない期日というものは観念し難い」とされる）。ただ、その後の
　　非訟事件手続法等の改正では、両当事者とも電話会議で期日を行うことも可能となった（非訟
　　47 条、家事 54 条参照）。

14)　以下、条文番号のみの記載はいずれも民事訴訟法の条文である（そして、「旧」と記載したも
　　のは令和4年改正前の条文であり、何も記載がないものは同改正後の条文となる）。また、「規」
　　は民事訴訟規則を指す。

204条)。証人尋問は、争点整理とは異なり、証人の表情・顔色や仕草等が裁判所の心証形成にとって重要となるため、直接主義の要請が特に強く妥当するもので、画像もあるテレビ会議システムに限ってその尋問を認めることとした。ただ、証人尋問は、現在のように、インターネットが発達していなかった当時の技術的状況に鑑み、これを実現するためには、裁判所の間を繋ぐ閉域網の設置が必要不可欠であり（前掲注(15)も参照）、その結果として、証人は必ず最寄りの裁判所に出頭する必要があるものとされた（規123条)[17]。それでも、たとえば、鹿児島県に居住の証人を東京地裁の事件で尋問するような場合は、当該証人は東京まで出てくる必要はなく、最寄りの鹿児島地裁から尋問を受けられるという点で、証人の利便性を大きく高める効果はあった。

　また、準備書面等についても、平成8年改正前は郵送や手交が必要であった。この点については、法律自体には特段の規定は設けられなかったが、最高裁判所規則において、裁判所に提出すべき一部書面について、ファクシミリを利用して送信することによって提出することが可能になった（規3条)[18]。加えて、書類の送付についてもやはりファクシミリによる方法が認められ（規47条1項)、これは特に準備書面の直送（規83条)[19]についても可能とされた。これは実務においても活用され、特に準備書面のやりとりは実務上ほぼ100％

---

15)　条文上は「映像と音声の送受信により相手の状態を相互に認識しながら通話をすることができる方法」と表現され、概念的にはウェブ会議の方法も包含するものになっている。ただ、現行法立法時にはそのような技術は一般に浸透しておらず、主として（裁判所間を繋ぐ閉域網である）テレビ会議システムが念頭に置かれていた。

16)　この規定は当事者尋問（旧210条)、鑑定人尋問（平成15年改正前旧216条)にも準用されていた。

17)　規則の立案担当者も、これを「テレビ会議装置が一般的に普及していない現状を踏まえたもの」と説明していた（福田剛久「証人尋問①—OA機器を用いた証人尋問」三宅省三ほか編『新民事訴訟法大系第3巻』（青林書院、1997年)34頁参照)。ただ、この時点ですでに「やがて、公共機関などに広くテレビ会議装置、あるいはそれと類似の機能を有する装置が普及することになれば、その限定は必要なくなるかもしれない」とされており、さらにこの制度の利用が円滑に進めば「口頭弁論をテレビ会議装置を利用して実施することを検討することになるかもしれない」と予言されていたこと（福田・前掲34頁)は注目されてよい。

18)　ただし、その対象からは、手数料の納付を要する申立書や訴訟手続の開始、続行、停止または完結をさせるための書面など重要な書面は除外されている（規3条1項各号参照)。

19)　規則では「当事者の相手方に対する直接の送付」と定義されている（規47条1項参照)。

ファクシミリによって行われるようになった。

　最後に、督促手続におけるオンライン申立て等の活用である。督促手続は、その性質上、大量の事件を定型的に処理することが求められ、コンピュータ処理に馴染む事件類型である。実際にも、現行法制定前からすでに、実務においては大型コンピュータが導入され、機械処理が図られていたとされる。そこで、現行法はこれをさらに促進するため、電子情報処理組織を用いて円滑な処理を可能にするため、その申立ての方法等を最高裁判所規則に委ねたものである。具体的には、OCR 方式による機械的な読み込みを前提にして、一部の裁判所において、裁判所間のクローズドなネットワーク環境の下での督促手続の申立てが可能とされたものである。

(2)　司法制度改革審議会意見書と平成 15 年・16 年改正

　以上のような新技術の活用のうち、電話会議システムによる争点整理、ファクシミリによる準備書面の直送、ネットワークを活用した支払督促等は実務においても活用され、定着していったが、その後も社会における IT 化の発展は速かった。そこで、現行法施行から未だ 3 年程度しか経過していなかったものの、平成 13 年（2001 年）6 月の司法制度改革審議会の意見書においては、さらなる IT 化の推進が提言された。すなわち、同意見書では、「Ⅱ　国民の期待に応える司法制度」の「第 1　民事司法制度の改革」のうち、「7.裁判所へのアクセスの拡充」の「(3) 裁判所の利便性の向上」の中で、この点についての提言がされている。具体的には、「イ　裁判所等への情報通信技術（IT）の導入」である。そこでは、「裁判所の訴訟手続（訴訟関係書類の電子的提出・交換を含む。）、事務処理、情報提供などの各側面での情報通信技術（IT）の積極的導入を推進するため、最高裁判所は、情報通信技術を導入するための計画を策定・公表すべきである」とされた。これが、司法に関わる文書の中で、IT という言葉が出てきた最初の例ではないかと思われるが、これを受けて、平成 14 年（2002 年）3 月、最高裁判所は「司法制度改革推進計画要綱〜

---

20)　当時、この概念は（現在とは異なり）ハードウェアおよびソフトウェアの有機的総合体としてのコンピュータ・システムを指す法令用語として用いられていたものである。

着実な改革推進のためのプログラム～」を公表した。そこでは、「裁判所の訴訟手続、事務処理、情報提供などの各側面での情報通信技術 (IT) の積極的導入を推進する計画を策定・公表するための所要の措置を講ずる」こととされていた。

　このような動向を踏まえて、法制審議会に対して法改正の諮問がされ、同審議会民事・人事訴訟法部会および民事訴訟・民事執行法部会において調査審議が進められた。その結果、裁判所へのITの導入に関する所要の手当てを設けること、さらにインターネットを利用した申立てを許容する旨の提案について、中間試案に対するパブリックコメントにおいても圧倒的多数の賛成意見が寄せられたものである。

　その結果、まず平成15年民事訴訟法改正では、鑑定人質問にテレビ会議システムが導入された (旧215条の3)。従来は鑑定人尋問についても証人尋問の規定が包括準用されていたところ、平成15年改正では、新たに鑑定人質問を独自の手続として設けるとともに[21]、鑑定人の意見陳述につきテレビ会議システムの利用を可能にすることを明文化した。その規定の内容自体はテレビ会議システムによる証人尋問の規定と変わりがないが、注目されるのは規則の定めであった。前述のように、証人尋問は証人が最寄りの裁判所に出頭することが前提とされていたが、医師等多忙な者が多い鑑定人については、そのような出頭自体が大きな負担になる (その結果、鑑定人の引き受け手が少なくなる) との懸念があった。そこで、鑑定人の利便性をより高めるため、たとえば医師の鑑定人の場合には (裁判所に出頭することなく)、病院に設置されたテレビ会議システムの利用等も可能とされたものである[22]。

　次いで、平成16年民事訴訟法改正では、申立て等の場面でもIT化を進めるため、オンライン申立てを一般的な形で可能とした[23] (旧132条の10)。この時

<hr />

21)　その趣旨については、たとえば、菊井維大＝村松俊夫原著『コンメンタール民事訴訟法Ⅳ〔第2版〕』(日本評論社、2019年) 347頁以下など参照。

22)　規則において、裁判所への出頭を不要とし、「相当と認める場所」での実施も可能とした (規132条の5)。

23)　改正の趣旨および内容については、小野瀬厚＝原司編著『一問一答平成16年改正民事訴訟法・非訟事件手続法・民事執行法』(商事法務、2005年) 13頁以下参照。

期（2004 年）には、すでに相当程度インターネットが普及しており、電子メール等の情報交換手段も活用されていた。そこで、そのような技術を裁判手続にも活用することを企図したものである。すなわち、同改正においては、社会の IT 化の進展に対応して、民事訴訟を国民に利用しやすいものにするため、民事訴訟に関する手続における申立て等のうち、法令上書面等をもってすることとされているものであって、最高裁判所の定める裁判所に対してするものについては、最高裁判所規則で定めるところにより、電子情報処理組織を用いてすることができるものとされた（旧 132 条の 10 第 1 項）。このような形で、インターネットによる申立て等の基盤的制度が整備されたが、後述のように、この規律はその後事実上死文化してしまい、民事訴訟の IT 化の長い停滞期をもたらす結果になってしまう。

　以上のような一般的な民事訴訟手続のオンライン化に加えて、督促手続については独自のオンライン化が図られた[24]（旧 397 条以下）。督促手続については、前述のとおり、すでに申立てにおいて、裁判所間を結ぶ閉鎖的なネットワーク環境の下ではあるが、オンライン申立てが可能とされていた。しかるに、その後のインターネット環境の発展は、むしろオープンなネットワークの活用を可能にしていた。さらに、督促手続は、その性質上行政手続に近いものがあり、申立て等に限らず、手続全体をオンライン化することが可能であると考えられた。そこで、督促手続については、訴訟における申立て等一般と同様に、インターネットを利用した申立てを可能にするとともに、処分の告知等についてもオンラインによってすることを可能にした。これによって、督促手続に関しては、一般の民事裁判の一歩先を行く手続全体の IT 化が図られたものである[25]。

---

24)　改正の趣旨・内容については、小野瀬 = 原編著・前掲注(23)27 頁以下参照。

25)　ただ、そこには依然として限界もあった。たとえば、事件記録については紙で作成する必要があったし（閲覧等の申請があれば、電磁的記録の部分も紙に出力する必要があった）、督促異議の申立てがあった場合も、（通常の訴訟手続に移行するため）電磁的記録の部分を書面に出力することが求められた。その意味で、依然として「紙の文化」を完全に脱することはできていなかったものである。

(3) 司法制度改革後の状況──「失われた 15 年」

　以上が現行民事訴訟法の制定から司法制度改革に基づく法改正までの経緯であるが、その後の十数年の間、残念ながら民事裁判の IT 化は全く進展しなかった[26]。そして、上記のように導入された制度のうち、弁論準備手続における電話会議、ファクシミリによる準備書面の直送や督促手続のオンライン化[27]は活用されたものの、テレビ会議の証人尋問などはあまり利用されなかったとされる。さらに、上記の一般的なオンライン申立ての規定については、最高裁判所規則によって細則を定めて実施することが想定されていたが、結局、本格的な形ではその規則は制定されずに 15 年以上が経過し[28]、事実上空文化してしまった。

　その間、世界各国では、裁判の IT 化が急速に進められていった[29]。当初から進んでいたアメリカはもちろん、ヨーロッパ諸国、さらにアジアでは韓国やシンガポールにも追い抜かれ、日本は裁判 IT 後進国に転落してしまったと評価される。まさに、裁判 IT 化の関係では、平成前半期を「改革の時代」とすれば、平成後半期は「停滞の時代」と言わざるを得ない「失われた 15 年」になったものである。

---

26)　なお、民事訴訟以外の分野では、不動産執行の手続において、2002 年以降、物件明細書等の
　　3点セットをインターネット経由で広く閲覧させるシステム（いわゆるビット・システム）が
　　導入され（民執規 31 条参照）、広く普及していったことが注目される。これは、不良債権処理
　　のための競売市場の拡大という切迫した動機が（IT 化に一般に消極的であった）司法を動かし
　　た例としても興味深い。

27)　2006 年に開始された東京簡易裁判所の督促手続オンラインシステムについては、全国から相
　　当数の申立てがオンラインでされたとされる。

28)　正確にいえば、平成 16 年改正直後の 2004 年、試行的に、札幌地方裁判所において、期日変
　　更の申立てや証拠説明書の提出など極めて限られた範囲でオンライン申立ての運用を開始した
　　ものの、利用実績が極めて低調であったため、2009 年にはそのシステムの運用が中止されるに
　　至った。

29)　諸外国における裁判 IT 化の状況については、商事法務研究会「主要先進国における民事裁
　　判手続等の IT 化に関する調査研究業務報告書（令和 2 年 3 月）」参照。そこでは、イギリス法、
　　アメリカ法、フランス法、ドイツ法の状況が紹介されている。

3　令和 4 年改正に至る経緯

(1)　内閣官房 IT 化検討会——全面 IT 化の提言

(i)　検討の経緯

　そのような中で今回の改正に向けた議論が開始されたが、そこでは国際的な動向およびそれを踏まえた政治的・社会的な批判の高まりがあった点は確認しておくべきであろう。たとえば、世界銀行の "Doing Business"[30] 2017 年版において、日本の司法手続の IT 面に対しては極めて厳しい評価がされた。すなわち、日本の司法は、事業再生（世界 1 位）や ADR（3 点満点中 2.5 点）等についての評価は高いが、電子管理ツールの有無等を含む「事件管理」の部門で 6 点満点中 1 点、電子申立てや電子送達等を含む「裁判手続の自動化（IT 化）」の部門で 4 点満点中 1 点に止まり、極めて低い国際的評価に甘んじることとなった。日本経済の復活のカギが外国からの投資の活性化にあると認識する政府は、そのような国際的低評価に対して強い危機感を抱いた結果、2017 年 6 月に閣議決定された「未来投資戦略 2017」において、「迅速かつ効率的な裁判の実現を図るため、諸外国の状況も踏まえ、裁判における手続保障や情報セキュリティ面を含む総合的な観点から、関係機関等の協力を得て利用者目線で裁判に係る手続等の IT 化を推進する方策について速やかに検討し、本年度中に結論を得る」旨が提言されることとなった。

　それを受けて、2017 年 10 月、民事訴訟法研究者や弁護士のほか、産業界代表、消費者代表、情報セキュリティ専門家など 10 人の委員で構成される「裁判手続等の IT 化検討会」が内閣官房日本経済再生総合事務局に設置された。[31] 同検討会は合計 8 回の会議を経て、2018 年 3 月に報告書として「裁判手続等

---

30)　世界銀行が毎年発表する各国のビジネスのしやすさを数値化した資料である。世界 190 か国を対象とし、事業活動規制に係る 10 分野を選定して評価が加えられている。

31)　政府からも内閣官房・法務省が参加し、最高裁判所もオブザーバーとして関与し、筆者が同検討会の座長を務めた。同検討会およびその発足の経緯等の詳細については、川村尚永「裁判手続等の IT 化に向けた検討」NBL1113 号（2018 年）47 頁以下など参照。

のIT化に向けた取りまとめ─『3つのe』の実現に向けて─」をとりまとめ
た（以下単に「報告書」と呼ぶ）。そこでは、結論として、「弁護士等の法律専門
家のみならず、事業者や消費者それぞれの立場から、裁判手続等のIT化の
推進に大きな期待が寄せられており、裁判手続等のIT化については、裁判
手続の利用者からみて非常に強いニーズがある」ことを前提にして、「裁判手
続等のIT化の基本的方向性として、利用者目線に立った上で、訴訟記録の
全面的な電子化を前提とする『裁判手続等の全面IT化』を目指すべき」もの
とされた[33]。その意味で、今回の改革は、狭い範囲の法律家の世界の枠内に止
まらず、社会における多方面の批判や意見を踏まえたものであった点は十分
に記憶しておく必要があろう。

　以下では、同検討会が今回の法改正の基軸を定めたものであったことに鑑
み、上記報告書の内容をやや詳細に紹介しておく。

(ⅱ)　**IT化のニーズ**

　まず裁判手続等のIT化のニーズであるが、このIT化はまずもって利用
者ニーズに即した形で行われることが必須の前提とされた（なお、この点につ
いては本章1も参照）。遠方の裁判所へ出頭するための時間的・経済的負担が軽
減されること、訴訟記録が電子化されることにより、審理が分かりやすく、
記録保管等に要するコストの軽減も可能になること、IT機器の効果的な活
用により期日出頭の負担を軽減してメリハリの付いた審理を行えるようにな
ること、裁判手続において書面の作成・提出や期日出頭の負担が重い本人訴
訟の場合等にその負担の軽減に繋がることなど、民事司法の迅速性・効率性・
利便性に対する利用者の様々なニーズをIT化により利用者目線で適切に掬
い取れる可能性があるとされる。加えて、電子契約の締結や各種手続のオン
ライン化が進む社会の趨勢、諸外国の状況、政府のデジタルガバメント実現
の取組み等をも踏まえれば、「我が国の裁判手続等については、本格的なIT

---

32)　報告書4頁参照。
33)　報告書5頁参照。

化の実現が強く期待され、それに向けた速やかな取組に着手することが待っ
たなしともいえる状況にある」と評価された[34]。

(iii)　IT化の基本的方向性──「全面IT化」＝「3つのe」

　以上のようなIT化のニーズを踏まえると、今後、我が国の目指すべき裁
判手続等のIT化とは、現行の民事裁判手続を単にITに置き換えることで
満足するものであってはならず、現行法の枠を超えて、訴えの提起等からそ
の後の手続に至るまで、基本的に紙媒体の存在を念頭に置かないIT化への
抜本的対応を視野に入れる必要があるとされた。このように、検討会におい
て、最終目標として民事裁判の全面IT化が掲げられたことの意義は極めて
大きなものがあったと評価できよう。すなわち、いわば最終目標が先に設定
され、その目標に向けた一種の「逆算」として具体的な制度の仕組みが検討
されることになったものである。これについて、筆者は、通常の民事基本法
の制定過程とはやや異なったものという印象をもった。通常の民事基本法の
立案では、個々の制度の問題点に係る改善を積み上げていって、最終的な改
正案（到達点）が形成されていくのが通常であるのに対し、今回の改正は一種
のトップダウンとして、最終目標がまず設定され、それに向けて改正案が構
築されていくという経過をとったように思われる。ただ、このIT化改正と
いう局面においては、筆者はこのようなやり方は適合的であり、結果として
成功したのではないかと考えるものである[35]。

　報告書でいわれる「民事訴訟手続の全面IT化」とは、具体的には「3つの
e」といわれるものから形成される。すなわち、(a)訴状の提出、文書の送達・

---

34)　報告書4頁以下参照。
35)　なお、裁判手続等の全面IT化を進めていく順序としては、まずもって民事裁判手続の基本
　　かつ根幹である民事訴訟一般を念頭に置いた骨太な検討と制度設計を行うことが穏当であると
　　された。検討会では、民事執行・倒産・家事事件等も同時並行的に検討を進めてはどうかとい
　　う意見も出されたが、検討の優先順位・効率化の観点から、まずは民事訴訟のIT化の検討を進
　　め、その成果を活かしてその後に非訟・家事等のIT化に向けた検討が進められるべきものと
　　整理された。ただ、民事訴訟手続のIT化に向けた検討やシステム設計等を行うにあたっては、
　　非訟・家事事件等への将来的なIT化の拡張可能性を十分に念頭に置いて、そのような拡張の
　　支障になることのないよう十分配慮していくことが肝要と指摘されている。

やり取り等をすべてオンライン経由の電子データで行う e 提出（e-Filing）、(b)口頭弁論期日・争点整理手続・証人尋問等をすべてウェブ会議等により可能とする e 法廷（e-Court）、(c)訴訟事件記録を全面電子化してオンラインで閲覧等ができるようにする e 事件管理（e-Case Management）という「3 つの e」の実現である。このような民事訴訟手続の全面 IT 化については、それに向けたタイムスパンをどの程度とするかについてはともかく（この点は後述(v)参照）、少なくともこれを最終目標として明示的に掲げる点においては、広くコンセンサスがあったものと解される。

　(a)から(c)のそれぞれの内容については、その後の改革の中で具体化されていったものとしてここでは詳論しないが、総論的に指摘されたところのみを挙げておくと、まず、(a)の e 提出については、「利用者目線から見れば、……紙媒体の裁判書類を裁判所に持参・郵送等する現行の取扱いに代えて、24 時間 365 日利用可能な、電子情報によるオンライン提出へ極力移行し、一本化していく（訴訟記録について紙媒体を併存させない）ことが望ましい」とされた[36]。次いで、(b)の e 法廷については、「利用者目線からは、当事者等の裁判所への出頭の時間的・経済的負担を軽減するため、また、期日にメリハリを付けて審理の充実度を高めるため、民事訴訟手続の全体を通じて、当事者の一方又は双方によるテレビ会議やウェブ会議……の活用を大幅に拡大するのが望ましい」とされた[37]。最後に、e 事件管理については、「利用者目線から見ると、……裁判所が管理する事件記録や事件情報につき、訴訟当事者本人及び訴訟代理人の双方が[38]、随時かつ容易に、訴状、答弁書その他の準備書面や証拠等の電子情報にオンラインでアクセスすることが可能となり、期日の進捗状況等も確認できる仕組みが構築されることが望ましい。これにより、裁判手続の透明性も高まるし、当事者本人や代理人が紙媒体の訴訟記録を自ら

---

36)　報告書 7 頁以下参照。

37)　報告書 11 頁以下参照。

38)　なお、当事者およびその代理人以外の「国民一般に広くオンラインでの閲覧等を認めることの当否は、訴訟記録の閲覧・謄写制度との関係も含め、今後、丁寧に検討していく必要があろう」として留保された。

持参・保管等する負担から解放される効果も期待できる」とされた。[39]

(iv)　IT化に向けた課題——デジタルデバイドと情報セキュリティ

　他方、このような民事訴訟手続の全面IT化の実現のためには、なお一定のハードルがあり、それをクリアするためには、一定の社会的基盤の整備が不可欠となる。具体的に検討会で議論された点として、以下の2点があった。

　第1に、本人訴訟のデジタルデバイド問題への対応である。このような全面IT化を本人訴訟にも及ぼすとすれば、当事者に対するITサポート態勢の整備が必要不可欠となる。仮にそのような態勢の十分な整備なしに裁判手続の全面IT化を進めるとすれば、本人訴訟の当事者の裁判を受ける権利を直接侵害しかねない。そこで、文書のオンライン提出やウェブ会議対応等をサポートする態勢の整備が重要になってくる。これについては、「その実施主体や内容等について、様々な方策やアプローチが考えられるところであり、今後、総合的な対策を、非弁活動の抑止等の観点にも留意しつつ、検討していく必要がある」とされた。具体的には、「弁護士、司法書士等の法律専門士業者が、代理権等の範囲の中で、所属団体の対応枠組みを使うなどして、法的側面とともにIT面の支援をも行っていくこと」が中心であるが、それらに限られず、「特に、経済的事情で司法アクセスが容易でない当事者への支援の在り方は、既存の各種相談機関や法テラス等の支援窓口の関与・活用も含め、しっかりと検討を進める必要がある」とされた。[40]

　第2に、適切な水準の情報セキュリティ対策がやはり全面IT化の前提となる。民事裁判のデータは、個人情報・プライバシーや企業秘密の宝庫であり、それが不当に漏洩されるとすれば、当事者等に損害を与えるとともに、司法に対する信頼を損なうことは明らかであるからである。その意味で、必

---

39)　報告書10頁以下参照。

40)　報告書16頁参照。なお、「この支援スキームの一案として、裁判所外で、紙媒体の書面の電子化を含めたサポートを行うための支援センターを設けてはどうかという意見も述べられた」とされる。いずれにしても、問題が国民の裁判を受ける権利に関連する事柄であることから、官民を挙げた総力態勢の下で、十分な予算措置も含めて、対応していくことが期待されよう。

要とされる情報セキュリティ水準や対策（本人確認、改竄・漏洩防止等の措置）は、民事訴訟の各手続段階や情報の内容・性質等に応じて、きめ細やかに検討していく必要がある。ただ、裁判手続に一般的に求められるセキュリティ水準としては、裁判の公開原則等の関係から、「極めて高度かつ厳格な水準の[41]ものまでは要求されず、基本的には、行政機関や民間の取引におけるセキュ[42]リティ水準と同程度のものを念頭に、合理的な水準を確保することが相当と考えられる。訴訟記録が多くの個人情報、企業情報等を含むことに十分に配慮する必要はあるが、経済社会一般で通用しているIT技術や電子情報に対する信頼性等を前提とする制度設計をすることが望ましい」とされる。その[43]観点からは、たとえば、システム利用の認証についても、電子署名を基盤としたデジタルIDを必須の前提とする必要まではなく、様々な認証手段（ID・パスワード等）を許容することも考えられると評価された。加えて、システム構築にあたっては、IT技術の将来的な進展に対応できる柔軟性・拡張性を確保することや、民間技術との連携も視野に入れて、API連携、クラウド化、[44]データ形式のオープン化等の様々な可能性を検討していくことも考えられるとされた。[45]

（v）　IT化のスケジュール

　IT化のスケジュールについて、検討会報告書では、「3つのe」について必

---

41)　民事訴訟自体が一般公開である点も考慮する必要があるとされたところである。漏洩があってはならないことは当然であるが、その情報は、裁判所に赴けば誰でも知ることができるような性質のものである点は、漏洩のリスクの評価という点ではやはり重要なポイントとなろう。

42)　たとえば、そのシステム構築において、「防衛分野や金融サービス分野等で用いられるシステムのように高度の機密や経済的利益の獲得を直接目的としたサイバー攻撃等のリスクが常時存し、一時のシステム停止も許されないことを前提としたシステムと比べ、これと同水準のセキュリティ水準を確保するようなことは求められない」と評価されている。

43)　司法関係の情報から得られる政治的利益や財産的利益は通常大きくなく、組織的なハッキング等による情報取得が目論まれる可能性は相対的に小さく、いわゆる愉快犯等のほかは、関係者による過誤に基づく漏洩が一般的になるものとみられる。

44)　複数システム間の連携や外部サービスの機能活用・共有等を可能にするツールである。

45)　報告書16頁以下参照。

要な検討・準備を同時並行的に、かつ、迅速に進めることを前提にしながら、実際には、改革を3段階に分けて実現する方向が提言されている[46]。まず、先行実施であるフェーズ1においては、法改正を要することなく現行法の下で、IT機器の整備や試行等の環境整備によって実現可能となる措置について、速やかにその実現を図っていくものとされた。具体的には、争点整理手続など現行法がすでにIT化を可能としている場面において、ウェブ会議等のITツールを積極的に利用していくことが考えられるとされる[47]。これは立法を要せず運用によって可能な対応であり、主にe法廷の部分に関連しているが、e提出に関しても、旧民事訴訟法が定めるオンライン申立ての規定（旧132条の10）の活用により、法改正を待たずとも、最高裁判所規則の制定によって準備書面のオンライン交換等は可能となるとされた（本章2(2)参照）。

　次に、フェーズ2は、「関係法令の改正により初めて実現可能となるもの」であるが、これについて「所要の法整備を行い、直ちに制度的実現を図っていくことが考えられる」とされる。立法を要するが環境整備（予算措置）を要しないような対応であり、主にe法廷に関する部分となる。他方、最終段階であるフェーズ3は、「関係法令の改正とともにシステム・ITサポート等の環境整備を実施した上で、オンライン申立てへの移行等を図るステージ」とされる。これは、法改正とともに環境整備（予算措置）を要する対応であり、主にe提出およびe事件管理に関する部分である[48]。以上のようなフェーズ2およびフェーズ3の部分がまさに令和4年改正の対象となったものである。このようなスケジューリング[49]は、とにかく現行法制でも可能なものは直ちに実施すべきであり、その後にできるだけ急いで法改正に取り組むべきであるという考え方に基づいている。換言すれば、今直ちにできるような措置を、法改正が必要な他の問題を「言い訳」にして先送りにすべきではないという

---

46)　このような形で改革スケジュールまで報告書において定めたことについては、やや異例ではあるが、これまで必ずしも自発的に十分な改革を進めてこなかった司法当局に対する一定の不信感も背景としてはあったように思われる。

47)　報告書20頁参照。

48)　報告書21頁以下参照。

趣旨を明確に示したものといえよう。

　以上のような報告書を受けて、2018 年 6 月に閣議決定された「未来投資戦略（成長戦略）2018」では、裁判手続の IT 化について、「司法府による自律的判断を尊重しつつ、民事訴訟に関する裁判手続等の全面 IT 化の実現を目指すこと」とされた。[50]

(2)　現行法下の IT 化の試み──フェーズ 1

　以上のような検討会の提言を受けて、裁判所においては、まずは現行法でも可能な対応として、争点整理等のウェブ会議化が進められた（いわゆる IT 化のフェーズ 1）[51]。前述のように（本章 2(1)参照）、すでに現行民事訴訟法において電話会議システムによる争点整理が可能になっていたので、法律の改正なしにウェブ会議の導入も可能と考えられたものである[52]。フェーズ 1 の実際の開始は 2020 年 2 月であったところ、当初は一部弁護士の間に、不慣れゆえのウェブ会議に対する抵抗感があったとされる[53]が、それは瞬時に克服されるに至った。その原動力になったのは、皮肉なことに、新型コロナウイルス感染症の蔓延であった[54]。2020 年 4 月に初めて発令された緊急事態宣言の下、裁判

49)　具体的には、フェーズ 1 については、「2019 年度からにも特定庁での試行等による目に見える成果が期待される」とされ、フェーズ 2 については、「2022 年度頃から開始することを目指して、2019 年度中の法制審議会への諮問を視野に入れ」るとされる。他方、フェーズ 3 については、単に「2019 年度中の法制審議会への諮問を視野に入れ」るとのみされ、その実現については「司法府の自律的判断を最大限尊重し、その環境整備に向けた検討・取り組みを踏まえた上で、2019 年度中に検討を行うことが望まれる」とされていた。なお、このようなスケジュールは、最終的にも、若干の遅れはあったものの、ほぼ予定通りに遂行されたものといってよい。
50)　やはり 2018 年 6 月に知的財産戦略本部において決定された「知的財産推進計画 2018」においても、「民事訴訟手続等の IT 化の検討を進める」ものとされていた。
51)　裁判所から見たフェーズ 1 の運用一般については、橋爪信＝後藤隆大「民事裁判手続の IT 化─③裁判所における現行法上の取組と運用」ひろば 75 巻 9 号（2022 年）24 頁以下など参照。
52)　ウェブ会議は、いわば電話に画面が付くだけであるから、法律上は電話会議が可能であれば当然にウェブ会議も可能になるものと解される。
53)　裁判所からウェブ会議の利用を示唆されても、それを拒絶する代理人弁護士が相当数いたようである。
54)　このような経緯については、たとえば、山本和彦ほか「座談会①　民事裁判の IT 化─フェーズ 1 の現状と課題」重要論点 127 頁以下など参照。

所も一時的に機能停止に追い込まれたが、その再開に際して1つの大きな武器となったのがウェブ会議であった。ウェブ会議であれば、当事者代理人の裁判所への出頭およびそれに伴う物理的接触を避けることができるからである。他方、代理人側の事情の変化としては、やはりコロナ禍で人間同士の接触を必要最小限にするため、社会のあらゆる局面においてウェブ会議が必須の武器となり、弁護士の日常業務（依頼者との相談等）の中でもそれが瞬く間に普及していったことも大きい。その結果として、ウェブ会議による争点整理は急速に活用されるようになり、実務に完全に定着していった。そして、その際には、一方当事者は必ず裁判所に出頭しなければならない弁論準備手続（旧170条3項但書参照）よりも、両当事者がともにウェブ会議で実施可能な書面による準備手続（旧176条3項参照）がより活用されるようになったものである。

　フェーズ1は、当初は一部裁判所で試行的に行われ、問題がないことを確認しながら、順次対象裁判所を拡大する形で慎重に進められた。具体的には、2020年2月、8高等裁判所所在地の地方裁判所および知的財産高等裁判所でフェーズ1が開始し、同年5月には、横浜・千葉・さいたま・京都・神戸各地方裁判所に拡大された。そして、同年12月には全国の地方裁判所本庁に、2022年7月には全国の地方裁判所支部に拡大され、日本国内のすべての地方裁判所で実施に至っている。実際に実施された件数も、当初の2020年6月が601件（弁論準備162件、書面準備380件）に止まっていたものが、同年10月には4,023件（弁論準備896件、書面準備2,951件、労働審判50件）、2021年4月には11,084件（弁論準備1,810件、書面準備8,971件、労働審判51件）、同年12

55）　緊急事態宣言下の裁判所における民事事件処理の状況等については、最高裁判所事務総局「裁判の迅速化に係る検証に関する報告書　令和3年7月」23頁以下に詳しい。

56）　このような状況については、富澤賢一郎ほか「ウェブ会議等のITツールを活用した争点整理の運用（フェーズ1）の現状と課題」重要論点117頁以下など参照。

57）　具体的には、Microsoft社のTeamsというウェブ会議システムが利用された。なお、後述のウェブ調停においては、Webexという別のツールが利用されているようである。

58）　ただし、大規模裁判所である東京・大阪両地裁においては一部の裁判部に対象が限られたようである。

59）　さらに、2020年7月には労働審判手続にも拡大された。

月には 18,271 件（弁論準備 2,727 件、書面準備 14,977 件、労働審判 55 件）、2022 年 7 月には 23,175 件（弁論準備 2,779 件、書面準備 19,749 件、労働審判 88 件）、2023 年 1 月には 23,142 件（弁論準備 2,569 件、書面準備 19,666 件、労働審判 47 件）と着実に増加していき、弁護士など訴訟代理人側からも概ね肯定的な受止めがされているようである。また、2021 年 12 月からは、家庭裁判所におけるウェブ会議を利用した家事調停も、東京・大阪・名古屋・福岡の各家庭裁判所において可能となり、2022 年 10 月には 19 の家庭裁判所本庁に拡大されている。以上のように、法律で許された範囲で実施されるウェブ会議は、（まさにフェーズ 2 以降に先行するものとして）実務において完全に定着したものといえる。

　そこでは、単に電話会議システムに画面が付加されているに止まらず、IT ツールを活用した様々な工夫が争点整理手続に導入されているという。たとえば、画面共有機能を活用して、交通事故損害賠償請求訴訟などで事故現場の図面や写真を画面上に表示して、裁判所と両当事者がそれを見ながら認識共有を進めるといった取組みがされているという。また、クラウド機能を活

---

60)　さらに、2022 年 11 月からは高等裁判所も適用対象となり、2023 年 1 月には 321 件の利用があったとされる。

61)　弁護士会の受止めとしても肯定的な意見が多いことにつき、たとえば、山本和彦ほか「座談会①　民事裁判の IT 化—フェーズ 1 の現状と課題」重要論点 134 頁［最所義一］・140 頁［松尾吉洋］など参照。

62)　家庭裁判所では、家事事件手続法 258 条・54 条により、弁論準備手続等と同様、もともと電話会議による調停が可能であったところ、それをウェブ会議化したものである。

63)　ウェブ会議による家事調停は、裁判官、弁護士、調停委員のそれぞれからやはり概ね好評をもって迎えられているようであるが、その実情の一端については、山本和彦ほか「調停制度 100 年　調停制度の現状と課題」判タ 1499 号（2022 年）36 頁以下など参照。

64)　法律の規定との関係でも、当事者・代理人が「遠隔の地に居住しているとき」でなくても、様々な理由で裁判所は電話会議を「相当と認めている」（旧 170 条 3 項、175 条参照）といわれており（この点では、やはり当事者・裁判官の顔が見えることの安心感が大きかったものと思われ、電話会議よりも柔軟な運用が可能になったと解されよう）、この意味でも（遠隔地要件を廃止した）法改正に先行した運用がされることとなった。

65)　以下のような工夫については、富澤ほか・前掲注(56)重要論点 120 頁以下など参照。

66)　裁判所と双方当事者との間で、クラウドサービスを利用して電子データを共有することができる機能である。

用して、期日間に各当事者が同一のファイルに加筆等を行うことによって争
点整理案を作成したり、医療訴訟や建築訴訟で診療経過一覧表や瑕疵一覧表
を作成したりするなどの活用方法が考えられるとされる。さらに、メッセー
ジ機能[67]を活用して、当事者の主張等に不明瞭な事項がある場合には、裁判所
が期日外に簡便かつ機動的に釈明権を行使することが可能になり、また次回[68]
期日で口頭議論をする事項や次回期日までに準備すべき事項などを確認した
りすることも考えられるとされる。

　その後、2022年4月からは、今度はe提出の場面でも新たな運用が開始さ
れた。すなわち、前述の132条の10（本章2(2)参照）について、その施行規則
がついに制定されたものである[69]。いわゆるmints規則であり、この規則の規[70]
定に基づき、オンラインによる書面の提出や交換も一部可能になっている[71]。
この規則によって、両当事者に訴訟代理人が付いており、両当事者がその利
用に合意した場合など裁判所が相当と認める場合には、132条の10に規定さ
れている各種の申立てその他の申述のうちファクシミリによることが可能な
もの（たとえば、準備書面の提出、書証の申出等）がオンラインにより可能にな
る（mints規則1条）。加えて、mints規則では、さらに証拠説明書や書証の写し
なども規則の適用範囲に含め、オンライン提出が可能とされている（同規則4

67）　裁判所と双方当事者との間で、クラウドサービスを利用して相互に閲覧することができる共
　　有スペースにメッセージを送信する機能である。

68）　期日外で釈明をする場合には、その釈明内容を相手方当事者にも通知しなければならないと
　　されていたため（149条4項、規63条2項）、従来はファクシミリによって釈明事項を記載した
　　書面を両当事者に送付するといった、やや手間のかかる取扱いがされていたようである。

69）　なお、これとは別に、支払督促との関係でも、「民事訴訟法第132条の10第1項に規定する
　　電子情報処理組織を用いて取り扱う督促手続に関する規則」（平成18年最高裁判所規則第10
　　号）の改正も行われている。

70）　MINji saibansyorui denshi Teisyutsu System（民事裁判書類電子提出システム）の頭文字を
　　略して「Mints」という造語が作られている。同規則の正式名称は、「民事訴訟法第132条の10
　　第1項に規定する電子情報処理組織を用いて取り扱う民事訴訟手続における申立てその他の申
　　述等に関する規則」（令和4年1月14日最高裁判所規則第1号）である。

71）　このような運用は、現行法でも実施可能であったという意味ではフェーズ1に属するが、将
　　来的なe提出を先行的に実施して、それに習熟する機会を関係者に与えるという意味では、
　　フェーズ3の先行的な実施という側面をも有する。mintsの運用については、橋爪＝後藤・前
　　掲注(51)27頁以下参照。

条)。さらに、当事者間の直送もこのシステムを経由して行うことができる (同規則5条)。実際には、訴訟代理人は、その識別符号 (ID) と暗証符号 (パスワード) を入力する方法で裁判所のシステムにアクセスし (同規則3条、2条2項)、書面の提出や受領を行うことになる[72]。

　このような運用についても、争点整理におけるウェブ会議の場合と同様、一部の裁判所においてまず試行的に実施し、適用裁判所を拡大していくというプロセスが採用された[73]。すなわち、2022年4月の規則施行当初は、甲府地方裁判所および大津地方裁判所の2つの裁判所で実施された。その後、同年6月には、東京地方裁判所および大阪地方裁判所の一部の部と知的財産高等裁判所で、さらに2023年1月以降は、8高等裁判所所在地の地方裁判所全体に、同年6月には地方裁判所本庁全部と東京高等裁判所を除く全高等裁判所に拡大され、本格的な実施に至っている。今後は、2023年9月頃には東京高等裁判所に、さらには同年11月頃にはすべての地方裁判所支部に拡大されて、実質的な全面実施に至る予定とされている。これによって、(システムに一定の差異が生じる可能性はあるものの) 多くの代理人弁護士がフェーズ3 (2025年度中に実施予定) が実施される前の段階で、2年以上の期間、裁判所のシステムに習熟する機会が十分に与えられることになる。その意味で、多くの代理人等がこの機会を活用して、円滑にフェーズ3がスタートすることが期待されよう。

(3) 法改正に向けた議論の展開

　以上のようなフェーズ1の展開の一方、現行法においては実現不可能な

---

72)　なお、このような規律は、フェーズ3に向けた法制審議会民事訴訟法 (IT化関係) 部会における本人確認の方法の議論とも符合するものと解される。そこでは、「名義人の成りすましや情報の改ざん等のオンライン手続における脅威に対するリスクの影響度を踏まえた合理的な手法が採られることを前提に、電子署名を必須としないことが適当である」とされていた (部会資料17の18頁など参照)。その意味で、このようなmints規則の規律は将来の (令和4年改正に基づく) 民訴規則改正でも維持される可能性が高いものといえよう。

73)　旧132条の10はそもそも、この規律の適用対象を「最高裁判所の定める裁判所に対してするもの」と限定しており (同条1項)、mints規則においても、適用裁判所を定めたときは、最高裁判所長官がこれを官報で告示しなければならないものとされている (同規則1条2項)。

IT化（フェーズ2およびフェーズ3）については、民事訴訟法の改正作業が並行して進められていった。具体的には、まず2018年7月、商事法務研究会に「民事裁判手続等IT化研究会」が設置され、そこで法制上の論点の検討および外国法の調査等の法改正の立案に向けた準備作業が行われた。同研究会は、民事訴訟法の研究者のほか、法務省、裁判所、弁護士、司法書士等が参加したものであり[74]、2019年12月、報告書がとりまとめられた[75]。

　そのような準備的な検討作業を受けて、2020年2月21日、法務大臣から法制審議会に法改正が諮問された（法制審議会諮問第111号）。その諮問事項は、「近年における情報通信技術の進展等の社会経済情勢の変化への対応を図るとともに、時代に即して、民事訴訟制度をより一層、適正かつ迅速なものとし、国民に利用しやすくするという観点から、訴状等のオンライン提出、訴訟記録の電子化、情報通信技術を活用した口頭弁論期日の実現など民事訴訟制度の見直しを行う必要があると思われるので、その要綱を示されたい」というものであった。

　このような諮問を受け、法制審議会は、2020年6月、民事訴訟法（IT化関係）部会を設置し、調査審議を開始した[76]。同部会は合計23回開催されたが[77]、その間、2021年2月に「民事訴訟法（IT化関係）等の改正に関する中間試案」が公表され、パブリックコメントに付された。さらに、同年7月には、住所・氏名等の秘匿制度（第2章6参照）についても別途、追加試案がまとめられて、やはりパブリックコメントに付されている[78]。そして、以上のようなパブリックコメントの結果も踏まえて審議が続けられ、最終的には、2022年1月28

---

74)　筆者は同研究会の座長を務めた。

75)　「民事裁判手続等IT化研究会報告書—民事裁判手続のIT化の実現に向けて—（令和元年12月）」である（商事法務研究会HP参照。その概要については、NBL1162号（2020年）11頁以下参照）。また、外国法の検討については、「主要先進国における民事裁判手続等のIT化に関する調査研究業務報告書（令和2年3月）」（法務省HP参照）が取りまとめられた（その内容については、別冊NBL185号（2023年）参照）。

76)　筆者は同部会において委員・部会長を務めた。

77)　折からの新型コロナウイルス感染症蔓延の影響を受け、法制審議会としては初めて、部会の会合がオンライン会議を併用して行われることとなった。

日「民事訴訟法（IT化関係）等の改正に関する要綱案」が部会において決定された。そして、同年2月14日の法制審議会総会において「民事訴訟法（IT化関係）等の改正に関する要綱」が決定され、法務大臣に答申されたものである。

4　令和4年改正法の成立とのその施行準備等

⑴　法案の国会審議と改正法の施行時期

　以上のような法制審議会の調査審議に基づく答申を受けて、法務省において「民事訴訟法等の一部を改正する法律案」が策定され、2022年3月に第208回国会（令和4年度通常会）に提出された。そして、最終的には、2022年5月18日、上記法律案は国会で可決成立したものである[79]（令和4年法律第48号。以下では、これを「令和4年改正」と呼ぶ）。この結果、法律レベルでは裁判のIT化が実現したものであるが、その施行は順次行われることになっている。すなわち、改正法の施行に向けては様々な準備作業が必要になるが、それに加えて、IT化のシステムの構築等には一定の時間と費用がかかるところ、すべての改正についてその完成を待っていると相当の時間がかかるので、そのようなシステムとは関係のない改正事項は先行して実施することとされたものである[80]。具体的な施行時期は以下のとおりである（民事訴訟法等改正法附則1条参照）[81]。

---

78)　なお、住所・氏名の秘匿制度については、IT化の議論とは別に、商事法務研究会に設置された「証拠収集手続の拡充等を中心とした民事訴訟法制の見直しのための研究会（座長：畑瑞穂教授）」において検討がされていたものであるが、部会の中間試案公表後にそれが具体化し、その改正を急ぐべきであるとして、別途、部会として追加試案を作成してパブリックコメントに付することとされたものである。

79)　2022年5月25日に公布されている。なお、衆参両院の法務委員会においてそれぞれ附帯決議がされているようである。これについては、それぞれの院のウェブサイト（脇村真治ほか「『民事訴訟法等の一部を改正する法律』の概要」ひろば75巻9号（2022年）12頁注参照）に掲載されている。

80)　なお、法改正の施行時期に係る政府の方針については、2020年7月17日に閣議決定された「成長戦略フォローアップ」等において、すでに大枠が定められていた。

81)　施行時期については、山本和彦ほか「民事訴訟手続のIT化」ジュリ1577号（2022年）28頁以下［脇村真治］も参照。

　まず第1に、最も施行が早いのは、住所・氏名等の秘匿制度である。これについては、被害者保護を図るなどその性質上できるだけ早期に施行される必要があることから、公布の日（2022年5月25日）から起算して9月以内に施行されるものとされた。実際にこれについては、すでに2023年2月20日から施行されている。

　第2に、当事者双方が電話会議等を利用して弁論準備手続に参加できる仕組みや和解における電話会議等の利用に関する規定等である。これらは、公布の日から1年以内の政令で定める日に施行されるものとされた。これは、現在すでに実現している争点整理手続のウェブ会議化（フェーズ1）の延長線上にある改正であるので、IT化改正の中では最も先行して実施することとされたものである。そして、これについてもすでに2023年3月1日から施行されている。[82]

　第3に、ウェブ会議による口頭弁論期日への参加を可能とする規定（いわゆるフェーズ2）である。これについては、公布の日から2年以内の政令で定める日に施行されるものとされた。この規律は、法廷におけるコンピュータやスクリーン等の機材の整備が必要になるものであるので、上記弁論準備手続等に係る改正よりは準備期間が必要になる一方で、特に追加的なコンピュータ・システムの整備等を要するものではない。そこで、後述のフェーズ3に先行して施行することとされたものである。具体的には、2024年5月24日までに施行されることとなる。[83]

　第4に、離婚訴訟において、ウェブ会議によって離婚等を成立させる和解や請求の認諾ができるようにする改正（人訴37条3項但書）である。[84]これにつ

<hr/>

82）　なお、上記閣議決定（注(80)参照）では、弁論準備手続等に係るこの点の改正は2022年度中に実現するものとされていた。

83）　ただし、上記閣議決定（注(80)参照）では、口頭弁論期日に係るこの点の改正は2023年度中に実現するものとされているので、それを前提にすれば、2024年3月までに施行されるのではないかと予想される。

84）　電話会議によっては離婚訴訟の和解等はできないとする同条3項につき、新たにウェブ会議を例外とする但書を設けるものである（なお、フェーズ3の実施に伴い、同条に新2項が加えられる関係で、同条4項に項ズレする）。

令和4年改正法の施行時期

住所・氏名等の秘匿制度	2023年2月20日施行
【フェーズ1】 当事者双方がウェブ会議・電話会議により弁論準備手続期日・和解期日に参加する仕組み	2023年3月1日施行
【フェーズ2】 当事者がウェブ会議により口頭弁論期日に参加する仕組み（人事訴訟等の口頭弁論は、フェーズ2の施行日から1年6月以内に施行される）	2024年5月24日までに施行（2023年度中？）
ウェブ会議による離婚訴訟等の和解・調停の成立	2025年5月24日までに施行
【フェーズ3】 訴状等のオンライン提出・システム送達／訴訟記録の電子化とその閲覧／法定審理期間訴訟手続　等	2026年5月24日までに施行（2025年度中？）

いては、公布後3年以内の政令で定める日に施行するものとされる。ウェブ会議による離婚調停に係る家事事件手続法の改正（家事268条3項但書）等も同様である。これは、家庭裁判所における機器の整備等を前提にするため、やや施行時期を遅らせたものかと思われる。[85]

　最後に、訴状等のオンライン提出や訴訟記録の電子化、ウェブ会議による証人尋問、さらには法定審理期間訴訟手続など、その他の令和4年改正法全般の施行については、公布日から4年以内の政令で定める日（具体的には、2026年5月24日まで）と定められている（いわゆるフェーズ3）。裁判所の事件管理システム等の整備など相当の準備作業を要するため、施行までかなりの準備期間をとったものである。[86]今後、準備作業が着実に遂行され、一日も早く施行準備が整うことが期待される。

85）　なお、これと関連して、人事訴訟の口頭弁論期日のウェブ会議化についても、人事訴訟法においては民事訴訟法の適用除外規定が設けられていない（人訴29条2項では、87条の2の適用は除外されていない）ため、当然に適用されることになる。ただ、その施行時期については、やはり家庭裁判所における機器の整備等が前提になるため、民事訴訟の場合（前述のとおり、公布後2年以内）からずらして、その施行日から1年6月以内（最も遅くて2025年11月）の政令で定める日という複雑な規律となっている。

86）　ただし、上記閣議決定（注(80)参照）では、この全般的なIT化は2025年度中に実現するものとされているので、それを前提にすれば、2026年3月までに施行されるのではないかと予想される。

(2)　改正法の施行に向けた準備作業

(i)　最高裁判所規則の改正作業

　以上のような法施行に向けて、最高裁判所規則も、上記法施行日に合わせる形で順次制定されていくものと想定される。

　そして、その第1弾としては、上記の法施行の順番のうち、第1から第3までの部分について、まず先行して規則の制定がすでに図られている。すなわち、2022年11月7日に公布された「民事訴訟規則等の一部を改正する規則」（令和4年最高裁判所規則第17号）である[87]。この規則においては、①当事者の住所・氏名の秘匿等の関係で、その申立ての方式、秘匿事項届出書面の記載事項、秘匿事項記載部分の閲覧等の制限の申立ての方式、秘匿決定等の一部が取り消された場合等の取扱い、宣誓の特則、秘密保護のための閲覧等の制限の申立ての方式等について、②ウェブ会議・電話会議による手続の関係で、電話会議等による弁論準備手続・書面による準備手続の協議に関する規律の改正、電話会議等による和解の手続、ウェブ会議等による口頭弁論期日、電話会議等による審尋期日・進行協議期日の規律の改正等について、③無断での写真撮影等の禁止の規律範囲の拡大などについて民事訴訟規則を改正するとともに、それ以外の手続規則についても整備的な改正がされている（①については必要に応じて同様の規定を導入する一方、②については適用除外規定が適宜設けられている[88]）。

　以上のほか、特に法の全面施行（フェーズ3）に向けた規則の制定については、現段階では未だ日程が確定していないようである。ただ、施行までの準備期間を考えれば、2024年中には規則の内容についても一定の方向性が示されることになるのではないかと予想される。

---

[87]　改正規則の内容については、橋爪信ほか「『民事訴訟規則等の一部を改正する規則』の解説」NBL1234号（2023年）17頁参照。なお、規則改正に際しては、2022年8月4日に最高裁判所民事規則制定諮問委員会が開催され、審議がされている。なお、筆者は同委員会の委員長を務めている。

[88]　なお、民事執行規則に関しては、①に関連して、債権執行における第三債務者に対する供託命令の制度が導入された（第2章6(7)(i)(b)参照）こととの関係で、同旨の規律が振替社債等に関する強制執行（民執規150条の6第3項）や、電子記録債権に関する強制執行（民執規150条の12第3項）にも導入されている。

(ii) 事件管理システムの整備作業

　また、特にフェーズ３との関係では、裁判所の事件管理システム等のコンピュータ・システムの構築が極めて重要になる。この点は必ずしも外部から明らかになるものではないが、最高裁判所内部でその開発作業も順次進められていくことになるものとみられる。施行時には全国の裁判所において、セキュリティが十分に確保された状態の下で、システム経由の申立てや送達、事件記録の保存・管理等が安定的に行われる必要がある。その意味で、施行に向けた裁判所の最重要の課題として、信頼性のあるシステムを構築し、それを安定的に稼働させることがあることは間違いない[89]。

　私見では、この点において特に重要と思われるのは、第１に、システム構築において、ユーザー等の意見を適切に反映していくこと、第２に、いったん構築したシステムについても、それを不易のものとするのではなく、適時適切に見直しの作業をすることではないかと思われる。前者については、裁判所内の利用者（裁判官、裁判所書記官・事務官等）はもちろん、裁判所外の利用者、その中でも特にヘビーユーザになる弁護士・司法書士等から十分に意見を聴取するシステムを構築すべきものと思われる。それによって初めてシステムが利用者本位のものになりうると考えられるからである。後者については、このようなシステムは最初から完成したものではありえず、また技術の進歩に即応できるような柔軟な設計とされる必要がある。裁判所の体質として、往々にして、完璧なもの（ミスがないもの）を構築しようとするあまり、システムが硬直的なものとなり、またいったん構築されたものを固守しようという発想になりがちのように思われる。しかし、コンピュータ・システムにおいては、そのような姿勢は時に致命的なものになりかねない。最初のシステムはあくまでもバージョン1.0に止まり、その後は定期的にバージョンアップを繰り返していくという姿勢で臨むべきものであろう[90]。

---

89)　この点につき、山本ほか・前掲注(81)29頁［橋爪信］参照。

90)　このような筆者の認識および裁判所側の姿勢等については、山本ほか・前掲注(8)10頁以下参照。

第2章
令和4年改正の内容

1 改正内容の概観

　以下では、令和4年改正により面目を一新した民事訴訟法の規定内容について順次紹介していくが、その前提として、同改正における改正事項をまず概観してみる。[1]

　まず、訴え提起等に関するIT化がある（2参照）。いわゆるe提出を中心とする部分である。オンラインによる申立てを認めることはすでに平成16年改正によって実現していたが、その可能性を広げるとともに、一定の場合にオンライン申立てを義務付けている。他方で、IT化がもたらす可能性のある濫訴のおそれについて、濫用防止策を図っている。さらに、送達については、新たにシステム送達（本章2(2)参照）の可能性を規定するとともに、公示送達についてもウェブによることを認める。最後に、書証のIT化について、オンラインによる書証の写しの提出および電子データの証拠調べ等が規定されている。

　次に、期日等に関するIT化がある（3参照）。いわゆるe法廷を中心とする部分である。ここでは、様々な場面でのウェブ会議の活用が定められている。すなわち、争点整理手続におけるウェブ会議の利用、口頭弁論におけるウェブ会議の利用、ウェブ会議を利用した証人尋問等、ウェブ会議を利用した検証が規定され、さらにその他の期日（和解期日、審尋期日など）等におけるウェブ会議の利用が定められている。

1）　令和4年改正法について弁護士の立場から改正内容を紹介したものとして、大坪和敏「民事裁判手続のIT化―④弁護士の立場から」ひろば75巻9号（2022年）30頁以下参照。司法書士の立場からその経緯を整理したものとして、小澤吉徳「民事裁判手続のIT化―⑤司法書士の立場から」ひろば75巻9号（2022年）37頁以下参照。

　さらに、事件記録等に関するIT化がある（4参照）。いわゆるe事件管理を中心とする部分である。これは、判決書等のデジタル化、すなわち電子判決書や電子調書など裁判所の作成する文書のデジタル化を規定するとともに、事件記録全体を電子化するものとする。そして、そのような電磁的訴訟記録についてのオンラインによる閲覧・複写（ダウンロード）等の規律を定める。加えて、訴訟費用の電子納付等について、ペイジーを利用した手数料の納付、さらに郵便費用の手数料への一元化等を規定する。

　以上が民事訴訟のIT化の規定の骨格であるが、このようなIT化を審理の改善に活かす試みとして、法定審理期間訴訟手続に関する規定がある（5参照）。そこでは、このような手続の意義およびそれが創設された議論の経緯を確認するとともに、その要件、手続、効果、不服申立て等の規律内容を確認する。そして最後に、その利用が見込まれる事件類型および実際運用に向けた期待についても述べる。

　また、このようなIT化とは少し別枠の改正事項として、当事者に対する住所・氏名等の秘匿制度がある（6参照）。これは、DV被害者や犯罪被害者等が自らの住所や氏名を秘匿して訴訟手続を追行するニーズがあることを前提に、それに正面から対応する制度である。そこでは、秘匿決定制度の意義および立案過程の議論を振り返った後、条文に即して、申立てに基づく秘匿決定、秘匿決定があった場合の訴訟記録の閲覧等の制限、職権による秘匿決定、そして秘匿決定の取消し等の手続について紹介する。

　最後に、令和4年改正のその他の規律について述べる（7参照）。令和4年改正の内容は多岐にわたり、上記の分類に当てはまらないような改正事項も多いからである。具体的には、準備書面の提出の懈怠等に伴う理由説明義務、和解に関するいくつかの改正（和解条項案の書面による受諾、和解等に係る電子調書の職権送達、和解に代わる決定に関する議論）、担保取消しにおける権利行使催告の書記官権限化、簡易裁判所における特則がある。また、改正にまで至らなかった議論として、土地管轄・移送に関する議論および障碍者に対する手続上の配慮に関する議論を取り上げる。最後に、民事訴訟法に関する改正ではないが、人事訴訟におけるウェブ会議等に関する規律も紹介する。[2]

2　訴え提起等の IT 化──オンライン提出・システム送達等

　前述の「3つの e」に即した形でいうと、まず、いわゆる e 提出、文書の提出や送達等のオンライン化に関する改正点を概観する。この部分の改正は原則として令和7年度（2025年度）中に施行される予定である。オンラインを介した申立てや送達については、裁判所においてシステム（事件管理システム）を整備する必要があり、その設計や予算化、関係者の習熟に一定の時間を要するため、IT 化の最終段階（いわゆるフェーズ3）としての実施が図られるものである。

(1)　オンライン申立て

(i)　オンライン申立ての可能性

(a)　オンライン申立て等の許容性

　旧法下においては、民事訴訟に関する手続における申立てその他の申述のうち、書面等³⁾をもってするものとされているものであって、最高裁判所の定める裁判所に対してするものについては、最高裁判所規則で定めるところにより、電子情報処理組織⁴⁾（インターネット）を用いてすることができるものとされていた（旧132条の10第1項）。しかるに、前述のように（第1章2(3)参照）、この条文に伴う最高裁判所規則は結局定められず、また、裁判所の指定もさ

---

2)　なお、令和4年改正法全体について、施行後5年を経過した場合に、施行状況について検討を加え、必要があると認めるときは、所要の措置を講ずることが定められている（同法附則126条）。この5年後見直しの規定は、特に日進月歩の IT 技術が改正の前提であることに鑑みれば、大きな意義を有するものとみられ、必要があれば、その期間を待たずに適切な対応がとられるべきである。

3)　「書面、書類、文書、謄本、抄本、正本、副本、複本その他文字、図形等人の知覚によって認識することができる情報が記載された紙その他の有体物」をいうものとされる（132条の10第1項括弧書参照）。この定義は改正法においても変更されていない。

4)　「電子情報処理組織」の定義は改正法上、91条の2第2項にあり、「裁判所の使用に係る電子計算機と手続の相手方の使用に係る電子計算機とを電気通信回線で接続した電子情報処理組織をいう」ものとされる。

れなかったため、実際には実現していなかった。[5]

　今回の改正ではまず、制度の対象を「最高裁判所の定める」裁判所に限定することなく、広く「裁判所」[6]に対するインターネット申立てを可能としている（132条の10第1項）。これによって、日本全国あらゆる裁判所に対する申立て等が例外なく規定の対象になることになる。[7]それとともに、オンラインでされた申立て等について、いったん裁判所のファイルに記録された情報の内容を書面に出力しなければならないとする旧規定（旧132条の10第5項）は削除され、デジタルで申立ての受理までが完結することとされた。[8]オンラインで申し立てられたとしても、それを再び書面にしなければならないというプリントアウトの事務的負担が、この規律を活用していく障害の1つと考えられていたところ、そのような障害を抜本的に除去したものと評価できよう。

　そして、法律上書面申立て等が必要とされる場合に、インターネットによる申立て等は書面による申立て等とみなされる（132条の10第2項）。また、インターネットによる申立て等があったときは、当該事項が裁判所のファイル[9]

5）　厳密には、旧132条の10の施行前に、電子情報処理組織を用いて取り扱う民事訴訟手続における申立て等の方式等に関する規則（平成15年最高裁判所規則第21号）および同規則施行細則（平成16年最高裁判所告示第1号）が定められ、2004年に一部裁判所（札幌地方裁判所）において、ファクシミリを利用して提出できる書面等の一部についてオンライン申立て等を可能とする試行的な運用が実施された。しかし、その利用の実績は極めて低調なものに止まり、結果として2009年にはその試行は終了した。そして、近年（2022年）に至り、フェーズ1（ないしフェーズ3の先行実施）としてようやくmints規則が策定され、一部裁判所で本格的な実施がされるに至っている（mints規則の内容および運用については、第1章3(2)参照）。

6）　当該裁判所の裁判長、受命裁判官、受託裁判官または裁判所書記官に対してするものも含まれる。

7）　もちろんその対象は民事訴訟に限られるので、通常は民事訴訟が係属しない家庭裁判所は原則として適用外である。ただ、例外的に係属する民事訴訟（たとえば家庭裁判所で作成された債務名義に対する請求異議の訴え等）については、オンライン申立てが適用されるはずであるが、これについては、適用除外規定が民事執行法に設けられている（民執21条の2参照。なお、同条は令和5年改正の施行に伴い、削除されることになる）。

8）　そして、それがそのまま電磁的訴訟記録を構成することになる（本章4(2)(ⅲ)参照）。旧法では、訴訟記録が紙であったため、このような書面による出力が不可欠とされていたものである。

9）　今回の法律で多出する「ファイル」という概念は、「裁判所の使用に係る電子計算機（入出力装置を含む。……）に備えられたファイル」（91条の2第1項参照）を意味するものである。こ

に記録された時に裁判所に到達したものとみなされる（同条3項）。これらの規律は、旧法と基本的に変更はない[10]。

　オンライン申立ての対象は「民事訴訟に関する手続における申立てその他の申述」とされ、その範囲は比較的広く解されている[11]。ただ、それに含まれないものであっても、別途オンラインによることが可能とされている場合がある。たとえば、提訴予告通知（132条の2第4項）や当事者照会（163条2項・3項）などは、ここにいう申立て等には該当しないと解されるものの、インターネットによることが可能である旨が個別に規定されている[12]。

　なお、立案過程では、インターネットを用いて提出ができる電磁的記録のファイル形式についても議論がされた（中間試案第1の2参照）。これについては、「解読方法が標準化されているもの」である必要があることを前提に議論がされ、その点にはあまり異論がなかったものである[13]。ただ、ファイルの容量制限や容量を超える場合の取扱い、音声情報に変換可能な電子データを提出できる場合の取扱いなど細則に係る規律や技術の進展に応じて見直しを要する規律等が多いことから、この点は最高裁判所規則において規定することとされたものとみられる[14]。

　れには、いわゆるクラウドなども（裁判所がそれを使用している範囲で）含まれるものと解される。

10)　旧法の解釈については、たとえば、菊井維大＝村松俊夫原著『コンメンタール民事訴訟法Ⅱ〔第3版〕』（日本評論社、2022年）712頁以下など参照。

11)　その内容は旧法と同じであるが、詳細については、たとえば、菊井＝村松原著・前掲注(10) 708頁以下参照。なお、ファイルに記載する方法についても特段の技術的な指定は条文上存在せず、PDFやワードファイル等をアップロードすることが通常と考えられるが、いわゆるフォーマット入力方式等によることも法律上は許容されているものと解される。

12)　ただし、これらは（裁判所ではなく相手方が受領者となるため）その利用は相手方の承諾がある場合に限られることが明示されている。

13)　パブリックコメントの結果も、その点について賛成が多かったとされる。

14)　このような場合には、身体障碍を有する者の円滑な訴訟活動を実現するために有用であるとして、その提供を求めることができる旨の規律に賛成する意見があった（身体障碍者との関係については、本章7(8)参照）。

(ii) オンライン申立ての義務化

(a) 改正に向けた議論[15]

　今回の改正の最も重要な論点として、オンライン申立て等を可能とすることを前提として、その利用を当事者に義務付けるべきか、義務付けるとしてその範囲をどのようにするかという問題があった。[16]この点については、中間試案において3案が併記されてパブリックコメントに付された。すなわち、①申立て等をするすべての者にオンライン申立てを義務付ける案（甲案）、②委任を受けた訴訟代理人のみにそれを義務付ける案（乙案）、③一切義務付けをしない案（丙案）の3案である。部会における議論もパブリックコメントの結果もかなり分かれたところであるが、最終的には乙案が採用されたものである。[17]これは、まず、オンライン申立て等が活用されると、記録の電子化と相俟って書面管理等のコストの削減が可能になり、民事訴訟に関する社会全体のコストの大幅な削減を図ることができるため、可能な限りインターネットの利用が望ましい。他方で、その利用を当事者の任意に委ねた場合には十分な活用に疑問が生じることから、少なくとも一定の範囲での義務化が考えられる。ただ、すべての国民に義務付けをすることは、現在のインターネットの普及状況[18]等に鑑みたとき、十分な接続環境やデジタル知識のない当事者の裁判を受ける権利を侵害してしまうおそれがあることから、この点は将来の課題とされた。[19]他方、委任による訴訟代理人の中心である弁護士等の法律専門職にある者は、その職務として民事訴訟手続に関与するものであるから、

---

15) 中間試案段階でのこの点に関する議論の状況については、垣内秀介「オンライン申立ての義務化と本人サポート」重要論点12頁以下など参照。

16) なお、「義務づける」といっても、それは違反に対して何らかの制裁を課すという意味ではなく、オンライン以外の手段による申立てを受け付けない（ないし不適式な申立てとして却下する）という意味に止まる。上田竹志「オンライン申立て及び周辺手続」ジュリ1577号（2022年）35頁注11参照。

17) 甲乙丙の3案についてそれぞれ支持があったとされる。パブコメ結果の概要については、部会資料17の4頁以下参照。

18) 2019年時点の個人のインターネット利用率は89.8%とされる（令和2年版情報通信白書（総務省）による）。換言すれば、1割以上の国民は今なおインターネットを利用していないことになる。

訴訟手続の迅速化・効率化に率先して取り組むことが期待でき、また訴訟手続の専門家としてオンライン申立てに対応する能力を十分に有していると考えられよう。そこで、そのような者に義務化の範囲を限定することとしたものである。

(b)　義務付けの範囲

　以上から、申立て等に際して電子情報処理組織（インターネット）の利用を義務付けられるのは、①弁護士など当事者から委任を受けた訴訟代理人（132条の11第1項1号[20]）、②国の指定代理人（同項2号）、③地方公共団体の訴訟において委任を受けた職員（地自153条1項）である代理人（同項3号）である[21]。①については前述したが（(a)参照）、②や③といった公共団体の代理人についても、国や地方公共団体にはデジタル化を積極的に進める責務がある[22]一方、オンライン申立て等に対応できる能力も十分あると考えられることから、やはり義務化の対象としたものである。しかし、これらの者に係る義務化の対象も、あくまで当該委任や指定の対象になった事件の申立て等をする場合に限られ、それ以外の場面では義務化はかからない。したがって、たとえば、弁護士資格を持っている者であっても、その者が個人の資格で提起する訴訟事件等においては、書面によって申立て等をすることも許される。また、いわゆる法令上の代理人（支配人等）は（訴訟代理人ではあっても）「委任を受けた」代理

---

19)　ただし、最高裁判所規則において、本人訴訟を含めて、「申立て等を電子情報処理組織を使用する方法によりすることができる者は、申立て等を電子情報処理組織を使用する方法によりするものとする」旨の規定（訓示規定）を設けることが、今後検討される予定である。将来的には、デジタルサポートの態勢が官民挙げて広く整備されることによって、オンライン申立て等の一般化が実現することが強く期待されよう。この点につき、日本弁護士連合会からは「民事裁判手続のIT化における本人サポートに関する基本方針」が、日本司法書士会連合会からは「民事裁判手続のIT化における本人訴訟の支援に関する声明」が出され、積極的な支援が法曹界から約束されていることは注目されてよい。

20)　簡易裁判所における司法書士代理人はこれに含まれるが、許可代理人（54条1項但書参照）は除かれている。

21)　ただし、口頭ですることができる申立て等（たとえば簡易裁判所における訴えの提起など）について口頭でするときは、インターネットによる必要はなく、口頭で行うことができることは言うまでもない（132条の10第1項但書）。

22)　情報通信技術を活用した行政の推進等に関する法律5条・13条など参照。

人ではないので、義務化の適用範囲に含まれない[23]。

　なお、代理人がいる場合の本人についても、義務付けをすべき旨の議論が立案過程であった[24]。これは相手方の予測可能性に鑑みれば、そのような場合はオンラインによる提出に一元化するのが相当であり、代理人からオンラインで、本人から書面で提出がされることは、相手方を困惑させるものであり、当事者本人が仮にインターネットを使えない場合であっても代理人を通して提出すれば十分とも考えられるからである。ただ、部会審議においては、当事者と代理人の間にも多様な関係性がありえ、代理人との信頼関係が揺らいでいるなどの場合に常に代理人を通しての提出を求めることができるとは限らないことなどから、原則どおり、訴訟代理人がいても本人はなお書面による提出もできることとしたものである。

　また、本人訴訟においても、当事者がいったん任意にオンライン申立てを行った場合には、手続のその後の段階も（その事件が完結するまでは）、その者にオンライン申立ての義務が生じるものとすべきかについても議論があった[25]（中間試案第1の1（注2）参照）。部会審議においては、そのような当事者はオンライン申立ての能力があると解されることから積極論もあったが、本人についてはやはりオンライン申立てに向けた責務を（弁護士等のように）認めることは困難であるので、そのような義務は課さないこととされた[26]。したがって、当事者本人は、ある段階で一度オンライン申立て等を利用したとしても、次の段階で書面申立て等に戻ることはなお妨げられない。

(c)　義務付けの例外事由

　以上のように、委任による訴訟代理人等はインターネットの利用を義務付けられ、書面で申立て等を行うことができなくなるのが原則となる。ただ、

---

23)　これらの者は業として訴訟代理人になるものではなく、たとえば支配人を選任する商人に対して一律に民事訴訟の効率化等に協力を求めることが可能であるかは疑問であり、弁護士等と同様に扱うことはできないと判断されたものである。

24)　この点の規律の可能性は審議の終盤まで検討されていた。部会資料26第1の1(4)、同29-2第1の3(1)エ参照。

25)　この問題については、上田・前掲注(16)36頁注17参照。

26)　前掲注(19)に記載したような一般的な訓示規定の枠組みの中で処理されることになる。

多くの人が日常的に経験するように、インターネットは様々な障害によって接続ができなくなることが稀ではない。そのような場合に、弁護士などオンライン申立てを義務付けられている者が申立てをできなくなってしまうとすれば、それが不都合であることは明らかである。たとえば、時効期間満了直前に訴えを提起しようとして、その日にインターネット障害により訴訟を起こすことができず時効期間が満了してしまうという事態も考えられる。そこで、インターネットの障害や裁判所のサーバーの故障等で弁護士等がオンライン申立て等をできないようなときは、例外的に書面（紙）による申立て等も可能とすべきであると解される[27]。

　そこで、上記義務化の規定は、義務化の対象とされた代理人の責めに帰することができない事由によってオンライン申立て等を行うことができない場合には、適用しないものとされる（132条の11第3項）。その結果、この場合には原則に戻って書面による申立て等が可能となる。これによって、緊急の場面での代理人の対応を可能としたものである[28]。問題は、いかなる場合がここでいう「その責めに帰することができない事由」に当たるかである。まず、「裁判所の使用に係る電子計算機の故障」がその例として挙げられており、これが帰責事由のない場合に当たることは明らかである。これは、コンピュータ自体の故障のほか、事件管理システムの障害や、事件管理システムと各裁判所とを接続する電気通信回線の故障なども含まれるものと解される。他方、当該代理人の使用するコンピュータやその者の管理する配線の故障がこれに含まれない（オンライン申立て等の義務化が免除されない）ことも明らかであろう。これに対し、（裁判所にも代理人にも関係のない）全体的なインターネット

---

27)　この場合、もちろん時効の完成猶予や訴訟行為（上訴等）の追完等の規律による対処も考えられる。ただ、部会審議では、当事者に帰責事由があるような原因か否か等の証明が（必ずしもシステム等に精通していない）当事者にとっては困難である旨の指摘もあった（他方、これに対しては、時効の完成猶予との関係では、催告（民150条）による対応も考えられるなどの反論もされた）。

28)　加えて、上訴期間内に同様のことが起こった場合等には別途、訴訟行為の追完の可能性も認められている。すなわち、「裁判所の使用に係る電子計算機の故障」を、不変期間を遵守できない当事者の「責めに帰することができない事由」の例示として追加し（97条1項参照）、この点が明確化されている。

のシステム障害や配線の故障等が帰責事由のない場合に含まれるかどうかは、1つの解釈問題であろう。このような場合であっても、当事者は物理的に裁判所に赴いて裁判所内の端末等で事件管理システムにアクセスしてデータを提出することは不可能ではないので、なお帰責事由を認めるとの理解もありえないではない。しかし、そこまで厳格に解釈すべきかについては疑問もあり、そのような場合（広い範囲のシステム障害等の場合）はオンライン申立義務の適用を排除し、書面による申立て等を認める余地もあろう。

(d)　義務付けの効果

義務付けの対象となる代理人が申立て等を書面でした場合、そのような申立て等は方式に反した違法なもの（不適式な申立て等）として受理されない（却下される）ことになる。ただ、前述のように（(c)参照）、義務付けには例外事由があり、その例外に該当する場合には書面による申立て等も適法なものとなる。そこで、そのような例外事由に当たらない場合になお書面による申立て等が裁判所に提出された際に、それをどのように取り扱うかが問題となる。とりわけ、当該申立てが訴えの提起であるような場合には、それが時効の完成猶予や提訴期間の遵守等に関係するため、その受付を拒むことによる法的効果への影響が大きくなり、問題が大きい。

そこで、中間試案の段階では、書面で訴状が提出された場合[29]について、訴状の審査（137条）などと同様に、裁判長が例外事由に該当しないと考える場合には、代理人にインターネット申立てによることの補正を命じ、補正がされなければ当該申立て等を却下する規律を創設すべき旨の意見があったことが紹介されている[30]。ただ、最終的にそのような規律は設けられなかった。これは、期間の遵守について、不可抗力によってそれが遵守できない場合の救済規定がすでに存在し（民161条〔「天災その他避けることのできない事変」による時[31]

---

29)　なお、中間試案では、甲案を前提として、当事者本人から書面によって訴状が提出された場合を想定して、この点の検討がされていたことには注意を要する。

30)　中間試案補足説明・別冊 NBL175 号 11 頁以下参照。なお、理論的には、補正がされたとしても、その効果が提訴時に遡及するかどうかは別個の問題であり、そのような規律が設けられたとしてもなお解釈上の問題は残りえたと思われる。

効の完成猶予〕、97 条〔「裁判所の使用に係る電子計算機の故障その他その責めに帰することができない事由」による訴訟行為の追完〕など）、あえて特別の手続を設けるまでの必要性はなく、上記のようなアクセス障害がある場合には、基本的には既存の規定による救済で十分と判断されたものと解されよう。

(iii)　濫訴防止策——訴状審査・訴状却下手続の改正

(a)　濫訴防止策の必要性と具体案

以上のように、オンラインによって訴状等の提出が可能になると、実質的に理由のない同趣旨の訴えを多数オンラインで申し立てるような当事者が出来するおそれがある。すなわち、訴状の提出にあたり提訴手数料を納付せず、訴訟救助の申立てを行う一方、訴訟救助が却下されれば、それに対して即時抗告の申立てをし、その却下後にさらに訴状却下命令にも即時抗告を行うといった事例が現在でも一定数存在することが裁判所から報告されているが、訴え提起がワンクリックで可能になれば、さらにそのような弊害が大きくなる旨の懸念である。そのような懸念を受けて、立案過程では濫訴防止策をめぐる様々な議論がされた。中間試案においては、訴訟救助の申立ての有無にかかわらず、提訴の際には一律に数百円程度のデポジットを支払わなければならないとする規律を設ける案や、提訴手数料を納付すべきであるのに一定

---

31)　「事変」という概念には、民法 161 条の趣旨に鑑みれば、ネットワーク障害等も含まれうるものと解される。

32)　前述のように（注(28)参照）、この例示は今回の改正に伴って付加されたものである。

33)　時効の完成猶予や提訴期間遵守との関係では、訴訟物等が明確に記載され、当該権利行使の態度が明確になっているような訴状（書面）を提出し、その後直ちに同内容の訴えについてオンライン申立てがされたような場合には、それらの行為が一体のものと認められるとして、当初の訴状提出があった時点で裁判上の請求がされたものと判断される事案もあると解される（部会資料 24 の 4 頁参照）。また、垣内秀介「民事裁判手続の IT 化—①オンライン申立て・訴訟記録の電子化」ひろば 75 巻 9 号（2022 年）16 頁注 5 も、「時効の完成猶予が生じた時点については、当初の書面での訴状提出の時点であるとする解釈がおよそあり得ないというわけではない」とされる。

34)　部会の前身となる研究会でも、「オンラインでの訴え提起等を促進すると、訴え提起が容易になる一方で、濫訴が増えるのではないかという懸念」が示されていたことにつき、杉山悦子「濫訴防止策」重要論点 25 頁参照。

期間を経過しても一切納付されない場合には、納付命令を経ることなく訴状却下命令をし、この命令に対しては即時抗告を認めないとする案などについて、引き続き検討するものとされていた（中間試案第2（注2）参照）[35]。

　しかし、このような提案はその後の審議でいずれも採用されなかった。前者のデポジット案については、たとえ少額であってもなお、それを納付はできないが真摯に提訴を望んでいる者がいることは否定できず、また自己の意思にかかわらず特殊な環境に置かれて（たとえば刑務所等における勾留を受けており）、金銭を全く納付できないような当事者もいることを考えれば、相当ではないとされた。また、後者の納付命令省略案については、納付すべき金額の判定が困難な場合にも納付命令を経ないことが相当か、即時抗告を一切認めないことは原告の手続保障の観点から相当かといった疑問が呈され、やはり採用に至らなかったものである。

　以上のような議論を経て、中間試案後の部会の議論で新たに登場したのが、後者を若干変形するとともに、書記官権限化の趣旨も含めて、手数料納付命令を書記官権限化し、手数料納付処分とするとともに、訴状却下命令に対する即時抗告に際しては必ず一定額の手数料納付を求めるとする提案であった。最終的にはこれが（微調整を経て）採用に至ったものである[37]。

（b）　訴状審査・訴状却下命令制度の改正

　まず、裁判所書記官は提訴手数料納付命令の処分をすることができる（137条の2第1項）。提訴手数料の納付の有無や適正な提訴手数料の金額の判定（その前提となる訴額の判断）は、通常法律に従った形式的な判断が可能であるからである[38]。裁判所書記官の手数料納付処分に対しては、処分の告知（同条2項）

---

35)　これらの提案につき詳細は、杉山・前掲注(34)25頁以下など参照。

36)　なお、書記官権限のあり方については、中間試案においても、「IT化に伴う書記官事務の見直し」（同第17参照）の注として、「訴え提起手数料を納付すべきであるのに一定期間を経過しても一切納付されない場合における訴状の補正及び却下」を裁判所書記官の権限とするものとする考え方が所要の改正の例として挙げられていた。これは、本文の濫訴防止策の後者の提案に呼応する意味をも有していたものと評価できよう。

37)　書記官権限化について同旨の規律として、破産手続開始申立書の不備の補正や手数料の納付に関する破産法の規定があり（破21条）、今回の規律はその前例を参考にしたものと考えられる。

から1週間の不変期間内に裁判所に対して異議申立てが認められる（同条3項）。異議申立ては執行停止効を有する（同条4項）ので、それに対する判断がされるまでは訴状却下の命令はできない。裁判所が異議申立てに際して、手数料額が裁判所書記官の処分額を上回ると認めるときは、その超える額について納付命令をすることができる（同条5項）。

　原告が手数料納付処分・命令において納付を命じられた手数料額を納付しない場合は、裁判長は訴状却下命令をしなければならない（137条の2第6項）。訴状却下命令に対しては即時抗告が可能である（同条7項本文）。ただ、それには即時抗告をした者において「相当と認める訴訟の目的の価額に応じて算出される……訴えの提起の手数料」の納付が必要とされる（同項但書）。そして、その納付がないときは、原裁判所によって即時抗告が却下される（同条8項）。原告において自ら相当と認める訴額に対応する手数料すら納付していない場合には、即時抗告の利益を欠くことが明らかであり、抗告審に移行させることなく却下の処理をしても原告の手続保障に欠けることはないからである。これによって、原告は少なくとも即時抗告時には最低限の手数料の納付をしなければならないことになり、前述のような、全く手数料を払わないで不服申立て等を繰り返すような濫訴については、一定の範囲で簡易に防止する効果が認められよう。

---

38)　なお、原告が訴訟救助の申立てを併せてしている場合には、訴訟救助に係る裁判が確定するまでは手数料納付処分をすることはできない。訴訟救助がないことが手数料の納付を命じる論理的前提となるからである。その意味で、前述のような濫用申立て（(a)参照）に対する防止策として、今回の制度には一定の限界があることは否定できない。

39)　この異議申立ては、一般的な裁判所書記官の処分に対する異議申立て（121条）の一種であるので、処分をした裁判所書記官の所属する裁判所に対してなされる。

40)　この異議申立てに係る裁判所の判断に対しては、不服申立てはできない。その後の訴状却下命令に対して即時抗告を提起して争えば足りるからである。

41)　なお、裁判所書記官が手数料納付処分をしていない場合でも、裁判長が原告の納付した手数料額を相当でないと判断したときは、（手数料の追納を事前に促した上で）訴状却下命令をすることができるものと解される。

42)　そして、原審却下決定に対しては不服申立てができない（137条の2第9項）。

⑵　システム送達[44)]

(i)　システム送達の意義

　送達は、訴訟関係書類のうち、重要な効果を有するものについて、書類の交付や郵送によって確実に名宛人にそれを到達させる手続である（99条以下）。訴訟における書類が文書という物理的なものであれば、その送達も当然に物理的な手段に限られる[45)]。しかるに、オンライン申立て等が可能となるとともに、書面で提出されたものもデジタル化されるとすれば、その文書の送達もオンラインで行うことができるし、それが望ましいものといえる。せっかく申立て等がオンラインでされても、その送達に際して、一々プリントアウトして書面で送達しなければならないのでは、IT化の効果は半減するからである。そこで、令和4年改正はインターネットによる送達も可能としたが（109条の2以下）[46)]、これを（裁判所の事件管理システムを経由した送達という意味で）システム送達と呼ぶ（なお、「システム送達」という概念は法律上の用語ではなく、法律上は「電子情報処理組織による送達」と呼ばれている[47)]）。

　システム送達は、送達を受けるべき者がその通知アドレス（連絡先）を事前に裁判所に登録していることを前提に、送達の対象となる電磁的記録を裁判所の事件管理システムにアップロードするとともに、事前に登録された名宛人の通知アドレスにその旨を通知することによって行われる。名宛人はこの

---

43)　あくまでも原告が主観的に相当と認める訴額に対応した手数料相当額の納付で足りるので、客観的に見れば到底認め難いような訴額を原告が前提にしていたとしても、その訴額に基づく手数料相当額の納付があれば、即時抗告は適法となると解される。しかし、それでも民訴費用法の想定する手数料の最低額（1000円〔民訴費用表第1第1項(1)参照〕または2400円〔インターネットを用いてする訴え提起につき、同別表第2第1項イ(1)およびロ参照〕）の納付は必ず求められることになる。

44)　中間試案段階で送達の問題全般につき検討したものとして、佐瀬裕史「送達」重要論点35頁以下参照。

45)　平成16年改正によってオンライン申立て等が可能とされても、旧法下では、その送達は、その内容を書面に出力して郵送等によってする必要があった。

46)　なお、この制度や後述の公示送達制度の改革に伴い、送達に関する民事訴訟法の規定はその順序等がかなり入れ替えられており、（実質改正がない条文についても）条文番号が変更されていること（たとえば、送達実施機関に関する規定が99から101条になり、送達報告書に関する規定が109から100条になるなど）には注意が必要である。

通知を受けて、事件管理システムにアクセスして、当該電磁的記録を閲覧したり複写（ダウンロード）したりする形で受領することが想定されている。このような形で送達が可能になれば、送達を受けるべき者にとっても、一々対面で書類を受領する必要はなくなり、また書面を電子ファイル等に変換する必要もなくなり、便宜をもたらしうるものと考えられる。

(ii)　システム送達の前提となる届出

　システム送達は、原則として送達を受けるべき者の事前の同意が必要とされる。この点で、特に（事前の同意の調達が難しい）訴状の送達などを念頭に、必ずしも被告の同意なしにシステム送達を行うことができないかが検討された（中間試案第3の1（注1）参照）。これは、事前の登録を前提にすると、訴状等についてはシステム送達の利用が限定的なものとならざるを得ないが、IT化のメリットの最大限の活用の観点からは、訴状等についてもシステム送達の活用が望ましいとの意見があったことによる。仮に訴状については常に書面での送達が必要になるとすると、いかにオンラインによる訴状提出が活用されても、それをプリントアウトする作業が不可避になるからである。その意味で、訴状についてもシステム送達ができる場面を拡大することは、訴訟手続の全面 IT 化の観点からは極めて重要である。そのような方策としては、原告に（知れている）被告の通知アドレスを提出させ、原告が提出した被告の

---

47)　なお、準備書面など必ずしも送達を要しない文書についても、システム送達が可能とされる（161条3項3号参照）。立案時には「システム送付」といった概念の創設も検討されたが（中間試案第4の1など参照）、裁判所のシステムを利用する場合には、その実質はシステム送達そのものとなるので、結局、送付の方法の1つとしてシステム送達を位置付けるという形になったものである（なお、この場合は、（実際に閲覧等がされず）通知の発出後1週間経過したものは、161条3項3号には含まれず、閲覧等が擬制されることはない（その結果、相手方が不在廷の期日では陳述できない）点に注意を要する）。いずれにせよ、直送を含めて、送付の方法等については、最高裁判所規則において規律されることになろう。

48)　なお、以下では当事者等がシステム送達を受けることを前提に論述するが、制度上は、当事者以外の訴訟関係者（証人、鑑定人等）が受送達者である場合も、そのような者がシステム送達を希望するときは、これを利用できる形となっている（送達場所の届出（104条1項参照）などとは異なり、109条の2第1項はその主体を当事者等に限定していない）。

当該アドレスに対して通知する方法などが議論された[49]。しかし、これは原告等によるなりすましのおそれや詐欺的メールに悪用される消費者被害のおそれなどが指摘され、慎重な意見が多数であった。その結果、やはり受送達者の事前同意は必須とされ、この問題は実務の運用に委ねられたものである[50]。

　以上から、システム送達を行う前提として、受送達者は、システム送達により送達を受ける旨の届出をする（109条の2第1項但書）とともに、受訴裁判所に通知を受ける連絡先の届出をしておく必要があり（同条2項前段）、裁判所の通知はこの連絡先に宛てて発せられる[51]（同条3項）。この「連絡先」の具体的な内容としては、典型的には電子メールアドレスが想定されているが、今後の技術の発達により他の様々な通信手段が用いられるようになることも想定されるため、その規律は最高裁判所規則に委ねられている[52]。

　また、この連絡先の届出にあたっては、送達受取人を届け出ることも可能である（同条2項後段）。その届出があった場合、書面送達につき送達受取人の届出があった場合（104条1項後段）と同様、このシステム送達受取人に対して送達があれば、受送達者に対して送達があったものとして扱われる。この制度は、法人の代表者が送達について自ら確認しなければならない煩雑さを解消し[53]、また高齢者等自ら送達を受け取ることが困難である当事者のサポート

---

49)　また、訴え提起前に代理人がいた場合には、その代理人に訴状の受領権限があるものと扱うことも議論されたが、これは、提訴前の交渉時の代理人と訴訟代理人とが異なることも実務上ままあること等から、相当ではないとされた。

50)　ありうる実務運用としては、被告に対し、訴状送達前に通知アドレスの届出を促す簡易な連絡を事実上行って、事前の同意を調達する方法などが議論された。また、（訴訟に頻繁に関与する法人当事者等との関係では）通知アドレスの事前登録の可能性なども議論されていた（この議論については、佐瀬・前掲注(44)40頁以下など参照）。法施行後の実務運用の工夫が特に注目されるところである。

51)　当事者本人と訴訟代理人の双方が連絡先の届出をすることも可能であり、この場合はそのいずれに宛てて送達を行うかは裁判所書記官の裁量に委ねられる。全員に対して同時にシステム送達を行うことも可能であるし、そのいずれかに対してシステム送達を行うことも許されると解される。なお、システム送達の名宛人とならなかった者がたまたま当該記録の閲覧等をしたとしても、それで送達の効力が発生するわけではない。

52)　現状でも、SMS（電話番号）やラインその他のSNSなどの利用も想定されるところである。

53)　この場合には、法人の従業者（担当者）を送達受取人とすることが想定されよう。なお、システム送達においては、補充送達（106条1項）を観念することは困難と思われる。

2 訴え提起等の IT 化——オンライン提出・システム送達等　*45*

を図るものである。ただ、いずれにせよ、システム送達受取人はあくまでも
送達を受領する代理人に止まり、訴訟代理人でないことは言うまでもない。
したがって、これらの者が報酬を得て送達受領を超えた法的助言等を行うと
すれば、それは非弁活動（弁 72 条）になることには注意を要する。

　以上のように、システム送達は原則として受送達者の同意を前提とするが、
その例外として、オンライン申立て等が義務付けられている委任による訴訟
代理人等（前述(1)(ii)(b)参照）に対しては、常にシステム送達が可能とされる（109
条の 4 第 1 項前段）。このような主体は、当然裁判所の事件管理システムにアク
セスして、それを利用できることが前提とされており、またシステム送達を
利用した訴訟手続の円滑化・効率化に寄与すべき主体ともいえるので、シス
テム送達の利用を強制したとしても問題はないと考えられるからである。そ
して、この場合において連絡先の届出がないときは、受訴裁判所には連絡先
が不明であるので、通知の発出は必要なく（同項後段）、事件管理システムへの
記録事項のアップロードだけで足りることになる。

　なお、システム送達に同意しない者に対する送達は、現行法と変わりはな
く、書類を郵送する方法等により行われる（101 条など参照）。この場合、送達
の対象となるものが文書で提出されている場合は現行法と同じである（当事
者が提出した文書の副本を郵送等する）が、送達の対象となる電磁的記録がオ
ンラインで提出されたような場合には、それをいったん書面化（プリントアウ

54）　この場合には、親族その他の第三者を送達受取人とすることが想定されよう。これが間接的
　　に本人サポートの機能を果たしうることについては、上田・前掲注(16)36 頁注 20 も参照。
55）　したがって、システム送達受取人は、その地位に基づき、送達すべき電磁的記録の閲覧やダ
　　ウンロードはできるが、それ以外の記録の閲覧等は第三者の資格として行うことになる。そし
　　て、システム送達受取人であることを理由に、送達対象データを除く電磁的訴訟記録につき当
　　然に利害関係が認められるものでもない。
56）　このほか、部会では、任意でオンライン申立てを行った者についても、システム送達を受け
　　る義務を発生させるかが議論された。このような者はオンラインを利用してシステム送達を受
　　ける能力があると考えられるからである。しかし、前述のように（(1)(ii)(b)参照）、これらの者
　　についてはオンライン申立ての義務化の対象外にしたことから、システム送達についても義務
　　とはしなかった。この点につき、上田・前掲注(16)37 頁注 29 参照。
57）　送達の後述の効力発生時期（(iii)参照）も、通知から 1 週間ではなく、アップロードから 1 週
　　間の経過で足りることになる（109 条の 4 第 2 項）。

ト）する必要があることになる。その場合に、プリントアウトを誰の負担で行うかが問題となるが、部会審議では、①申立人等が副本を提出する、②裁判所がプリントアウトする、③裁判所がプリントアウトしてその費用を申立人等が負担するか自ら副本を提出するかを選択できる、といった案が検討された（中間試案第３の１（注２）参照）。結論としては、送達に用いる書面を用意する主体を（現行法の）当事者から裁判所に変更することの当否については将来的な課題とされ、当面は、オンライン提出をする当事者が書面の出力を行い、裁判所に提出することが前提とされ、その具体的な規律は最高裁判所規則に委ねられている[58]。

(iii)　システム送達の効力発生時期

　システム送達は、具体的には、送達すべき電磁的記録を裁判所の事件管理システムにアップロードするとともに、前述（(ii)参照）の事前に登録された当事者の連絡先に通知することによって行われる（109条の２第１項本文）。そして、送達の効力発生の原則的な時点は、受送達者が当該記録を閲覧またはダウンロードした時[59]ということになる[60]（109条の３第１項１号・２号）。なお、ここでいう「閲覧」とは、当該電磁的記録を現実に閲読する必要まではなく、ウェブページにアクセスし、ブラウザ上において当該電磁的記録の内容が表示され、それが閲読可能な状態になることで足りるものと解される[61]。

　問題は、受送達者が通知を受けても閲覧またはダウンロードを積極的にしない場合の取扱いである。このような場合に、いつまで経っても送達の効力が発生しないとすることは明らかに相当でない。そして、その場合、改めて

---

[58]　部会資料21の７頁以下参照。この点の議論については、垣内・前掲注(33)17頁注15も参照。

[59]　法律の文言としては「その使用に係る電子計算機に備えられたファイルへの記録をした時」とされる（109条の３第１項２号参照）。

[60]　なお、通知の発出前に閲覧等がされた場合であっても、閲覧等がされれば送達はあったことになる（ただ、このようなことが実際に起こりうるかは事件管理システムの内容次第である）。換言すれば、受送達者が自ら閲覧した記録部分が送達されるべきものであることを認識していることは、送達の有効要件とは解されない。

[61]　これは、郵送等による送達の効力発生時についても、受送達者が現実に当該書面を閲読する必要まではないこととパラレルなものである。

書面を物理的に郵送等する必要があるとすると、受送達者が送達の効力発生時期を意図的に遅らせることができることになってしまう。そこで、法は、通知が発せられた日から1週間を経過した時には、（閲覧やダウンロードがされなくても）送達の効力が発生するものとした（109条の3第1項3号）[62]。前述のように、通知がされる連絡先は受送達者が自ら届け出るものであるので、そこに一定期間アクセスしないことは、一般的には受送達者に帰責事由があると考えられ、このような通知がされることによって送達すべき記録を受送達者の支配領域内に置いたものと評価できるところ、民事訴訟の円滑な進行という観点から、そのような場合には送達の効力を認めることが相当と考えられたものである[63]。

　ただ、この1週間の基準時は「通知が発せられた日」であり、それが到達した日ではない。（電子メール等を前提とする限り）受送達者に実際に通知が到達した日を公証することは技術上困難であるからである。したがって、この通知が何らかの事情で受送達者に到達しない場合であっても、その発出から1週間の期間の経過により送達の効力が生じてしまう[64]。通知が実際に到達しない事情には様々なものが想定されるが、受送達者にとって酷な場合があることも否定できない。そこで、受送達者がその責めに帰することができない事由によりシステム送達の対象記録を閲覧等できない期間は、この1週間に算入されないものとされた（109条の3第2項）。受送達者の帰責事由がない場合に、その救済を図ったものである。このような事由としては（オンライン申立て等の義務のある者が例外的に書面申立てをできる帰責事由の欠如（132条の11

---

62)　中間試案ではこれを「みなし閲覧の特則」（「その電子書類の閲覧をしたものとみなす」）という形で提案していたが、最終的には、閲覧を擬制するのではなく、期間の経過によって直接に送達の効力が発生することと概念整理したものである。

63)　その意味で、当事者が送達を予見できないような文書についてはこの規律の対象にすべきでないとの意見もあったが、そもそもシステム送達を利用する旨の届出を当事者がしている以上は、一般的に裁判所から送達文書があることを予見すべきものと解されよう。

64)　ただ、裁判所書記官がメール等を発信したとしても、それが受送達者の利用する受信メールサーバーに到達したことを示すメッセージが裁判所のメールサーバーに到達しない限りは、通知が「発せられた」ことにはならないと解する余地があるとされるのは、上田・前掲注(16)38頁注32参照。

第3項）の場合（前述(1)(ii)(c)参照）と同様）、裁判所の事件管理システムの不具合、インターネット網やメールサーバーの不具合等が含まれる（逆に受送達者側の端末の不具合や設定の問題等はこれに含まれない）ものと解される。なお、システム障害等が1週間の途中で発生した場合には、期間はいったんそこで停止し、システム等が回復した後に再度進行を始め、残りの期間が経過した時点で送達の効力が発生することになる（たとえば、通知の発出後3日目にシステム障害等が発生した場合は、その回復後4日が経過すれば、送達の効力が生じる[65]）。

(iv)　外国居住者に対するシステム送達の可否

　以上のようなシステム送達に関する規律は、基本的に受送達者が日本国内（日本国の主権が及ぶ場所）に所在していることが前提とされる。ただ、インターネットは国境に関係なくアクセスできるものであるので、技術的には外国居住者も裁判所の事件管理システムにアクセスは可能である[66]。また、現状では、条約等に基づく外国送達には長期間を要するとの批判もあるところである。そこで、外国居住者に対するシステム送達が可能になれば、手続の迅速化にも資する可能性がある。ただ、この問題については、国際公法や国際私法の観点が重要になるため、法制審議会の部会本体ではなく、別途研究会を設けて専門的な観点から検討がされた[67]。

　そして、そのような検討の結果、今回は最終的には法律上の手当てを見送ることとされた。けだし、システム送達も送達である以上、外国においてそれを実施するのは当該外国における公権力の行使にあたるとの理解がありえ、

---

65)　中間試案の段階では、帰責事由がない場合にはみなし閲覧の効力が生じないこととする案も検討されていたが、それでは、裁判所に判明しない事情で事後的に送達の効力が左右されることになり、相当ではないとの意見もあったため、最終的には、閲覧等ができない期間の不算入という形に落ち着いたものである。これであれば、システム障害等が解消されれば、いずれ（1週間が経過して）必ず送達の効力が生じることになる。

66)　もちろん、この点は事件管理システムの設計次第であり、そのような（外国からの）アクセスを技術的に排除することも可能であろう。

67)　法務省に「IT化に伴う国際送達及び国際証拠調べ検討会」（座長・竹下啓介教授）が設置され、国際私法、国際公法、民事訴訟法の研究者や実務家をメンバーとし、裁判所・外務省等をオブザーバーとして検討がされた。

外国の国家主権を侵害するおそれが否定できず、送達条約等との関係もある
からである。確かに、通知アドレスの届出（受送達者の同意）を前提にして、
日本国内の裁判所の事件管理システムへの積極的なアクセスを求めるものだ
とすれば、必ずしも受送達者に対する強制性はなく、国家主権の問題は生じ
ないという見方も不可能ではないようにも思われるが[68]、なお受送達者の所在
する外国で送達の効力が生じるという効果の点を捉えれば、そこに日本国の
公権力が行使されているとの見方も否定はできない。そこで、今後の実務の
運用や国際法上の議論の展開（送達条約の改正等）に問題の解決を委ねざるを
得なかったものである[69]。

(3) 公示送達

　公示送達は、受送達者の住所、居所その他送達をすべき場所が知れない場
合やシステム送達ができない場合（110条1項1号参照）等において、裁判所が
送達すべき書類がある旨を公示して、その送達を擬制する制度である。そし
て、この公示送達は、従来は、書類をいつでも受送達者に交付すべき旨を「裁
判所の掲示場に掲示してする」ものとされていた（旧111条）。実際には、受送
達者がそのような掲示を見て送達を了知する可能性はほとんどなく[70]、これは
完全な擬制に止まっていた。しかるに、この公示送達にもインターネットに
よる方法を導入すれば、公示の効果を一定程度実質化することができるとと
もに、裁判所職員の掲示に係る無駄な事務負担を軽減することが可能になる
と考えられる。

　そこで、改正法は公示送達の方式を見直し、裁判所のウェブサイトにおけ

---

68)　佐瀬・前掲注(44)44頁も、「システム送達には、外国の領域主権の侵害と評価できるだけの他
　　国領域への侵襲がなく、外国での送達だとしても許されると考えてもよいように思われる」と
　　される。
69)　中間試案に対する意見募集の結果およびそれを受けた部会における議論については、部会資
　　料17の40頁以下参照。そこでは、「現段階において今後の状況の変化に応じて将来的に外国に
　　所在する者に対してITを用いた方法を採る余地を一切否定することもまた相当でない」とさ
　　れていることは注目されてよい。
70)　日本全国の裁判所の掲示場を毎日チェックすることは、物理的にそもそも不可能であろう。

る掲示[71)]を基本とすることとされた（111 条柱書[72)]）。前述のように全くのフィク
ションである公示送達ではあるが、それでも裁判所における物理的な掲示よ
りは実効性が高いと考えられるインターネットによる公示方式[73)]に転換するも
のである。この場合、公示送達によって自らに対する訴状の提出等に気づい
た当事者は、書類の公示送達であれば今までどおり裁判所書記官からその交
付を受けるが（111 条１号）、電磁的記録の場合には、裁判所書記官から出力書
面（109 条参照）の交付を受けることのほか、裁判所には赴かずに、自らの連絡
先（通知アドレス等）を届け出て、システム送達を受けることも選択できる（111
条２号参照）。なお、公示送達の効力発生の時期については、従来の規律（原則
２週間）が維持されている[74)]（112 条）。

　以上のように、新たな公示送達は裁判所のウェブサイトの閲覧を前提とす
る形になるが、インターネットが利用できず、ネット閲覧ができない人にも
配慮する必要がある。そこで、従来どおり、裁判所に赴けば公示の内容を把
握できるようにする必要があると考えられる。ただ、その具体的な方法とし
ては、従来の裁判所の掲示場における掲示とともに、裁判所に設置されたコ
ンピュータ端末の映像面に表示したものを閲覧できる状態に置く措置も併せ
て可能とされた（111 条柱書参照）。そして、実務上はおそらく、裁判所の事務

---

71)　法律上は「不特定多数の者が閲覧することができる状態に置く措置をとる」と表現されてお
り、最高裁判所規則でその具体的な中身が示されることになろう。

72)　なお、公示送達による意思表示の到達についても、同様の方法によるものとされる（113 条参
照）。新たな公示送達の規律は、受送達者が送達を了知できる可能性を高めるものであるから、
この場合に私法上の意思表示の到達の効果が生じるものとしても、意思表示の相手方に不利益
はないからである。他方、公示による意思表示の規律（民 98 条）については、部会審議におい
て公示送達との関係を整理する必要がある旨の意見も示されたが、令和４年改正においては、
手当てはされなかった。ただ、この点は、民事訴訟以外の手続の IT 化に係る令和５年改正の中
で、公示送達と同様の方法をとる形で民法改正が実現している（同改正後の民 98 条２項参照）。

73)　受送達者の氏名による検索や全国の情報の一元化が実現すれば、自らに対する訴状等の送達
の可能性があると考える者は、毎日インターネットで全国の裁判所の公示送達情報にアクセス
して確認することが実際にも可能になろう。

74)　なお、112 条２項において外国においてすべき送達についても、ウェブサイトによる公示送
達が可能である旨が当然の前提とされている。これは、外国において公示を閲覧することを前
提に送達がされたとしても、それは国家主権との関係で問題はない旨の理解を前提としている
ものと解されよう。

の効率化の観点からも、掲示場における掲示の措置はとられず、裁判所設置端末への表示・閲覧に代替されていくものとみられる[75]。

　さらに、このようなウェブサイトにおける公示がされる場合、被告等のプライバシーの保護の必要性も部会審議において問題とされた。現行法上、公示送達における掲示内容としては、裁判所書記官が送達すべき書類を保管し、受送達者にいつでも交付すべきことのみが規定されているが、実務上は、事件番号、事件名、原告・被告の氏名、送達すべき書類の一覧（目録）等も掲示されているとされる。しかし、部会においては、受送達者のプライバシー保護のため、公示される情報には配慮が必要とされたところ、この点は、前述のとおり、実務運用に委ねられるところではあるが、受送達者の氏名は必須としても、それ以外の情報については慎重な取扱いが求められるものと考えられる[76]。

(4)　書証における IT 化[77]

　さらに、書証等の証拠調べとの関係でもデジタル化が図られている。そもそも書証は、紙という媒体が重要なのではなく、そこに記載されている情報（記載内容）が証拠資料となる証拠調べの方法であり、その意味で、IT 化、デジタル化に馴染みやすい性質のものと評価することができる。そこで、改正法は、紙の書証についてもオンラインによる写しの提出を認める（後述(i)参照）とともに、そもそも紙に化体されていないデジタル情報それ自体を直接証拠調べの対象にすることを正面から認めた（後述(ii)参照）。後者の場合は、その実質に鑑み、基本的に書証の規律が準用されているが、そのうち紙を前提としているもの（特に文書提出命令の関係）については多くの読み替えがされている。

---

75)　なお、この場合は、コンピュータ操作に習熟していない者のため、閲覧のための裁判所職員等の援助を受けられることが暗黙の前提になっているものと解される。

76)　特に、事件名や送達すべき書類の一覧（目録）については、受送達者のプライバシー情報が含まれる可能性がある一方、受送達者による対象の識別や特定の観点から必ずしも必要な情報とはいえないため、公示内容から除外することは十分考えられてよかろう。

77)　中間試案段階での書証の問題全般につき検討したものとして、山本和彦「書証」重要論点74頁以下参照。

（i）　オンラインによる書証の写しの提出

　まず、書証の取調べの事前準備としての写しの提出についてのインターネット提出の利用である。この点については、現行法上、法律の規定はなく、最高裁判所規則において、書証の申出に際しては文書の写しを提出しなければならず（規137条1項）、相手方に対してはその写しを直送することができるものとされている（同条2項）。IT化に伴って、このような写しの提出もオンライン経由で行うことが想定され、中間試案ではその旨の提案がされていた（中間試案第8の4参照）。そして、この点はすでにいわゆるフェーズ3の先行実施の関係で、mints規則においても対応がされている（同規則1条参照）。確かに132条の10は書証の写しを直接の対象とはしていないが、その理由は、文書の写しを正確に電子化することを手続的に担保することに対する懸念にあったとされるところ、[78] その後の技術の発展を踏まえれば、この点は特に問題にする必要はなく、また写しの提出の根拠規定がそもそも最高裁判所規則にあるため、特に法律上の根拠は必要なく、規則においてそのオンライン提出も規定できると考えられたものであろう。[79] 令和4年改正に基づく最高裁判所規則においても、同様の規定が設けられるものと考えられる。

　以上のように、オンラインによる書証の写しの提出を認めたとしても、書証の取調べ自体は原則として原本によって行うことになる。ただ、事件管理システムを用いた書証の写しの提出を可能とすれば、両当事者が特にそれで問題がないとするときは、それをそのまま取調べの対象とすることもできることになると解される。[80] もちろん、前述のように、いわゆる原本主義は維持されているので、その場合も、一方当事者が（紙の質などが心証形成に必要であるなどとして）あえて原本の取調べを求めるときは、書証の申出人は文書の

---

78)　中間試案補足説明・別冊NBL175号123頁参照。

79)　同様に、mints規則においては、証拠説明書（規137条1項）の提出もオンラインでできることとされている。

80)　判例（大判昭和5・6・18民集9巻609頁など）は、原本の存在および成立につき当事者間に争いがなく、相手方が写しをもって原本の代用とすることに異議がないことを条件として、原本の提出に代えて写しを提出することが許され、それが証拠調べの対象になるものとしている。

原本を提出する必要があることは今までと変わりはない。[81]

(ii) 電子データの証拠調べ

(a) 電子データの証拠調べの意義

　最近では、ペーパーレス化社会が進行する中、そもそも紙の形になっていない電磁的記録（電子データ）も多く存在し、それが証拠調べの対象になりうるところ、令和 4 年改正前はそのようなものの証拠調べの方法については様々な議論があったところである。一般には、当該電子データをプリントアウトした文書を書証として取り調べるか、あるいはそれが記録された記録媒体を文書に準じるもの（準文書）として取り調べる（231 条）ものとする取扱いが一般的であったとされる。[82]　しかるに、電磁的記録もその意味内容が証拠調べの対象になるとすれば、あえてそれをいったん紙や記録媒体の形にする必然性はない。そこで、令和 4 年改正では、このような電子データを正面からデータとして証拠調べの対象にすることにしたものである。[83]　これにより、紙になっていない電子データを証拠調べのために一々プリントアウトする当事者の手間が省け、資源の節約にもなるであろう。

　以上から電子データの証拠調べについて明文の規定を設けたものであるが、その内容は、「電磁的記録に記録された情報の内容に係る証拠調べ」という新たな証拠調べの方法を規定したものである（民事訴訟法第 2 編第 4 章第 5 節の 2）。そして、この証拠調べを申し出る者は、当該電磁的記録を自ら提出するか、[84]　それを利用する権限を有する者（後述(b)参照）に対する提出命令により、証拠調べの申出をしなければならない（231 条の 2 第 1 項）。[85]　そして、その提出の方

---

81)　そこで、文書の写しが正確に電子化されたかどうかについても相手方が争う機会が担保されることになろう。

82)　議論の詳細については、たとえば、菊井＝村松原著・第 1 章注(21)571 頁以下など参照。

83)　同様の趣旨に基づき、再審事由との関係でも、文書の偽造・変造と並んで、電磁的記録の不正作出が加えられ（338 条 1 項 6 号）、また手形訴訟における証拠能力との関係でも、電子データの証拠調べが（書証と並んで）可能とされている（352 条 1 項）。

84)　法律上の定義は「電子的方式、磁気的方式その他人の知覚によっては認識することができない方式で作られる記録であって、電子計算機による情報処理の用に供されるもの」である（3 条の 7 第 3 項参照）。

法は、電磁的記録を記録した記録媒体の提出またはオンラインによる提出に[86]
よるものとされる（同条2項）。

　電子データの証拠としての取調べは、このような形で提出されたものにつ[87]
き行われる。すなわち、当該データの作成者が一定の内容を表示するため確
定的なものとして最初に作成した電磁的記録か、あるいはこれを電磁的方法[88]
で複製したものによって行われる。最初に作成した電子データが USB メモ
リ等に保存されており、それがそのまま裁判所に提出される場合は前者にな
るが、通常はコンピュータのハードディスクやクラウドに保存されているも
のをインターネット経由で提出することが多いと考えられ、この場合はデー
タの複製が提出されたことになろう。この場合、それが（相手方の同意なく）[89]
証拠調べの対象となりうるのは、当該電子データについて改変がされていな
い場合に限られ、証拠申出をする者はその点を証明しなければならないもの
と解される（228条1項参照）。この場合の「改変がされていない」とは、電子
データの本文はもちろん、そのメタデータにおいても全く同一の情報を有す
るデータということになろう。[90]

(b) 書証の規定の準用——電磁的記録提出命令の読み替え規定等

　電子データの証拠調べについては、基本的に書証の規定が準用されている
（231条の3第1項）。データの意味内容が証拠資料になるという点で、基本的に
書証と同一の性質を有する証拠調べの方法だからである。なお、準用されて

---

85) なお、後述のとおり（(b)参照）、文書送付嘱託の規定（226条）も準用されているので、電磁
　　的記録の送付嘱託の方法による証拠調べの申出も可能である。
86) どのような場合に記録媒体（USB メモリ等）による提出を認めるかは、裁判所のシステムの
　　セキュリティの内容等を踏まえて、最高裁判所規則で定めることが想定されよう。
87) これらの提出や送付の方法が許されるファイル形式やファイル容量等については、最高裁判
　　所規則において定められることが予定されている（この点は、オンライン申立てとの関係で、
　　前掲(1)(i)(a)も参照）。
88) これは紙の書証における原本に相当するものと考えられる。
89) 相手方の同意がある（異議がない）場合には、書証の場合と同様、改変の有無にかかわらず、
　　証拠調べの対象とすることができるものと解される（前掲注(80)も参照）。
90) そのような同一性（非改変性）を担保する方法として、部会審議では、技術的な観点から、
　　電子署名、タイムスタンプその他の2つのファイルのハッシュ値を比較する方法、メタデータ
　　を確認する方法等が紹介された（中間試案補足説明・別冊 NBL175 号 119 頁参照）。

いない規定のうち、228条4項による成立の真正の推定は電子署名法3条が電磁的記録に係る真正な成立の推定をすでに規定しているためであり、また229条については電磁的記録には筆跡等がないので当然の準用除外となろう。

ただ、書証に関する規定は当然物理的に存在する文書を前提として文言が選ばれているので、物理的に存在しない電子データをその対象とする場合には、一定の読み替えが必要になってくる。これは特に文書提出命令の規律において顕著に表れる。その中でも特に重要なのは、「文書の所持者」（220条、221条1項3号、223条1項など）の概念について、「電磁的記録を利用する権限を有する者」と読み替えている点である[91]（231条の3第1項後段参照）。電子データについては、物理的な概念である「所持」が観念できないため、データの利用権限の観点から規定したものと考えられる。その意味で、これは、基本的には、物理的な文書の所持に相当する排他的な支配権が基礎になるように思われるが、電子データの性質上、支配に排他性が認められない場合であっても、なお記録媒体に適法にアクセスして当該電子データを利用できる権限を有していれば、提出命令の対象になる場合はありうるように思われる[92]。いずれにしても、どのような場合にこの「利用権限」が認められるかは、改正法の1つの重要な解釈問題となりえよう。

電磁的記録提出命令および電磁的記録送付嘱託に基づく電子データの提出・送付は、当該電磁的記録を記録した記録媒体の提出・送付またはオンラインによる提出・送付によるものとされる（231条の3第2項）。当事者ではない第三者がオンラインによる提出・送付をする場合は、当該第三者は一時的なアカウントやパスワードの発行を受けるなどして裁判所の事件管理システムにアクセスすることになるものと解される。

---

91) このほか、「文書提出命令」は「電磁的記録提出命令」に、「公文書」は「公務所又は公務員が作成すべき電磁的記録」と読み替えられている。

92) この問題については、部会資料23の12頁も参照。

3　期日等のIT化──ウェブ期日・ウェブ尋問

　次に、いわゆるe法廷、すなわち裁判所の期日等のIT化に関する改正である。[93]この点は、前述したように（第1章3⑵参照）、フェーズ1としてすでに争点整理手続においてウェブ会議が活用されているところであるが、その範囲を拡大し、すべての期日等に適用する点に主眼がある。この点の改正は、前述2（e提出）や後述4（e事件管理）の改正事項とは異なり、裁判所のシステム整備を前提とするものではないので、いわゆるフェーズ2としてより早い時期に施行されることになる。具体的には、後述⑴の争点整理に係る改正は令和5年（2023年）3月1日からすでに施行されており、それ以外の改正についても令和5年度（2023年度）中に施行される予定である。

⑴　ウェブ会議による争点整理

（i）　弁論準備手続に係る改正

　まず、争点整理手続については、すでに電話会議によって手続を行うことができる旨の規定があり、フェーズ1においてウェブ会議の利用が進められてきたところ、さらにIT化を進めるための法改正がされている。[94]

　まず、電話会議・ウェブ会議による弁論準備手続については、従来あった遠隔地要件および当事者一方出頭要件を削除した（170条3項参照）。すなわち、「当事者が遠隔の地に居住しているとき」という例示が削除され、一般に「裁判所が相当と認めるとき」には広く電話会議システム等の利用が許容される。

---

93)　なお、e法廷といっても、あくまでも裁判官等は物理的に裁判所に所在することが前提となっており、現実の法廷を電子法廷（バーチャル法廷）に置き換えることは想定されていないことは言うまでもない。ただ、将来的には、コロナ禍の諸外国で見られたように、裁判官自身が裁判所の外からウェブ会議で期日等に出席するバーチャル法廷も検討されるようになるかもしれない（その場合には、刑事訴訟も含めて、裁判所法全体（特に、「法廷」につき、物理的な場所を前提とするようにみえる同法69条など）の改正が必要となろうか）。この点は、阿多博文「民事裁判手続のデジタル化（IT化）─②ウェブ会議等」ひろば75巻9号（2022年）18頁参照（「デジタル化は……既存の審理手続を前提に参加方法を追加するものにすぎない」とされる）。

また、従来は電話会議等の利用は「当事者の一方がその期日に出頭した場合に限る」ものとされていたが（旧170条3項但書）、これが削除され、双方ともに期日に出頭しない場合にも電話会議等の利用が許容された。後者については、旧法制定時には、少なくとも一方当事者が出頭していなければ（換言すれば裁判所のみがいるだけでは）それは期日とはいえないという期日概念による制約があったと考えられているが[95]、その点はすでに、2011年制定の改正非訟事件手続法および家事事件手続法において当事者双方が不出頭で電話会議システムによる手続も期日として認められていたこと（非訟47条、家事54条）から、過去の問題となっていたといえよう。これによれば、2023年3月1日以前のフェーズ1の実務では、弁論準備手続では一方当事者が必ず裁判所に来なければならなかったため、書面による準備手続が活用されていたところであるが（第1章3(2)参照）、今回の改正で双方不出頭による弁論準備手続が可能となったことで、再び弁論準備手続が争点整理の原則型になる可能性もあるものと思われる[97]。以上により、裁判所は、相当と認めるときは、広くウェブ会議ないし電話会議によって弁論準備手続を行うことが可能となる。そして、

---

94)　以下の記述のもののほか、弁論準備手続において可能な訴訟行為が追加されている。すなわち、調査嘱託の結果（186条2項）、尋問に代わる書面（205条3項）、鑑定人の意見（215条4項）、鑑定嘱託の結果（218条3項）の提示が弁論準備手続の期日においてできることとされた（170条2項参照）。これらの行為は争点整理のために必要性が大きいものである一方、書証の証拠調べと同様、法廷以外の場でされても、その内容が変わるものではなく、実質的に問題はないと解されたものである（弁論準備手続の結果が口頭弁論で陳述され、これら証拠調べの結果も口頭弁論に顕出されることが前提とされている）。この問題については、部会資料16の1頁以下および同18の8頁以下参照。

95)　旧法の立案担当者の見解（第1章注(13)）参照。

96)　また、裁判官自身が物理的に法廷や弁論準備室に所在することも必要とはされない。内海博俊「判決手続におけるウェブ会議の利用」重要論点54頁は「裁判所の現実空間における『在廷』は文言上前提とされていない」旨を指摘するし、阿多・前掲注(93)22頁注5も「双方当事者がウェブ方式で参加する場合は……裁判官室の机上のパソコンを使って手続を開催することが想定される」とされる。

97)　書面による準備手続では（期日ではなく）単なる協議に止まるため、準備書面の陳述や書証の取調べ等ができないところ、弁論準備手続ではそれが可能になることに鑑みれば、弁論準備手続に優位性が認められる一方、逆に書面による準備手続には協議という方法の柔軟性もあるようにも思われ、今後の実務の展開が興味深い。

遠隔地要件の削除により、この相当性の判断も旧法時代とは異なるものにな
ることが想定され[98]、出頭に関する様々な負担等が広く考慮され、当事者の所
在場所の適切性について配慮しながら、幅広く認められることになろう。

　なお、ウェブ会議・電話会議の実施の細目的事項については、従来も規則
において規定が置かれていたが（規88条2項・3項）、法改正を受けて、令和4
年（2022年）11月に最高裁判所規則が改正された（第1章4⑵⒤参照）。具体的
には、まず、裁判所または受命裁判官の確認事項として、通話者のほか、従
来の「通話先の場所」に代えて、「通話者の所在する場所の状況が当該方法に
よって手続を実施するために適切なものであること」と改められた（規88条
2項2号）。これは、上記のように、遠隔地要件が削除されたため、通話先の場
所（住所地番）等は問題にならなくなる[99]一方、電話会議等によることの相当性
判断に際しては、無関係の第三者が所在していないことや当該場所が非公開
性や静謐性等が確保されていることが重要であるので、そのような実質的な
点の確認が必要であることを明記したものである。その結果、弁論準備手続
期日調書の記載事項についても、そのような点を記載することとされた[100]（同
条3項）。また、従来は電話番号の調書記載を求めていたが、削除された。この
記載には市外局番等から通話者の遠隔地所在を確認する意味があったが、遠
隔地要件の削除に伴いそのような必要はなくなり、そもそも携帯電話の普及
によって電話番号は通話の場所を特定する意味を失っていたことによる[101]。

---

98) 阿多・前掲注(93)20頁は、この点につき、「裁判所が当事者に対席を求める意向の強さ、期日
　　での審理予定の内容、通信環境……等を総合考慮することになろう」とされる。
99) 加えて、そのような点を確認することは、当事者・代理人のプライバシーに対する配慮から
　　むしろ望ましくない場合もあろう。
100) これを調書の必要的記載事項にすることで、ウェブ会議等が適正に行われたことを公証する
　　趣旨である。具体的には、相当性判断の最も基本的な資料となると考えられる参加者の所在す
　　る場所の属性（「原告の自宅」、「被告代理人の事務所」等）を記載することになるとされる。
101) 加えて、電話番号を必要もなく調書に記載して公開することは、個人情報の保護の観点から
　　も望ましいものではなく、同様に、ウェブ会議の場合にも、参加者のメールアドレスやIDを調
　　書に記載することも相当ではないと解される。

(ii)　書面による準備手続に係る改正

　次に、書面による準備手続であるが、前述のように、フェーズ 1 において
コロナ渦の中、双方不出頭での争点整理へのニーズが高まり、弁論準備手続
に代わる形で実務上広く活用されるようになった。しかるに、改正法におい
て双方不出頭の弁論準備手続が認められるとすれば、そもそも書面による準
備手続という制度を維持する必要があるのかが問題とされた。ただ、書面に
よる準備手続には、準備書面の提出など書面の交換のみで争点整理を行うこ
とができるというその本質に鑑みれば、なおそのような手続のニーズがある
ものと考えられた。さらに、当事者が電話会議等の利用すら困難な状況にあ
るような事案[102]では、弁論準備手続も困難であり、書面の提出のみで足りるこ
の手続の必要性が認められよう。以上から、改正法でも書面による準備手続
は維持することとされ、必要な見直しを図ったものである[103]。なお、規則にお
いても弁論準備手続と同趣旨の改正がされており、通話者の所在場所がウェ
ブ会議等によって手続を実施するために適切であることの確認（規 91 条 4 項
による規 88 条 2 項 2 号の準用）およびその協議実施記録への記載（規 91 条 3 項）な
どが規定されている。

　令和 4 年改正では、書面による準備手続との関係では、弁論準備手続と同
様、遠隔地要件が削除される（175 条参照）とともに、受命裁判官に関する規律
が整備された。旧法では、第 1 審（地方裁判所等）における書面による準備手
続は必ず裁判長が行わなければならず（旧 176 条 1 項本文）、受命裁判官による
実施はできなかった[104]。その理由としては、当事者の出頭なしに争点整理を的
確に行うためには一定の技量や経験が必要になるところ、それは経験が豊富
な裁判長に委ねるべきであるとの考え方があったものと見られる[105]。しかし、

---

102)　典型的には、当事者が刑務所等の収容者であるような事案が想定しうる。

103)　ただし、実際には、争点整理手続として「書面による準備手続が使われることはなくなり、現
　　在の刑務所収容者などインターネットを使えない環境にいる当事者の場合に限定して使われる
　　ことが見込まれる」と予測されるのは、大坪・前掲注（1）33 頁参照。

104)　高等裁判所においてのみ受命裁判官による実施が可能とされていた（旧 176 条 1 項但書）。け
　　だし、高等裁判所においては、すべての裁判官が経験豊富であるので、例外的に受命裁判官に
　　よる書面による準備手続を認めても問題はないとされていたものである。

実際にフェーズ1において書面による準備手続が活用される中、ウェブ会議による協議も利用されると、その実質は弁論準備手続と大きくは異ならず、受命裁判官の利用を否定する理由はないと考えられるに至ったものである。そこで、令和4年改正では、この手続の利便性を向上させる観点から、書面による準備手続の原則的な主体を裁判所とし（176条2項参照）[106]、受命裁判官による書面による準備手続を認めた（176条の2第1項）[107]。そして、この場合には、裁判所および裁判長の職務は受命裁判官が行うものとされている（同条2項）。

(iii)　争点整理手続の統合の議論

　以上のような法整備の結果[108]、現存する3種類の争点整理手続は、いずれも両当事者不出頭でウェブ会議が可能になるなど互いにその規律が近接することになった。そこで、立案過程では、準備的口頭弁論、弁論準備手続、書面による準備手続の3種類の手続を置く現行法の枠組みを見直し、これらを統合して「新たな争点整理手続」として争点整理手続を一本化することも検討された（中間試案第7の4甲案）。

　この新たな争点整理手続の内容については、現行法上（少なくともコロナ禍前は）弁論準備手続が実務の大勢を占めていたことに鑑み、弁論準備手続に係る規律を基軸に考えられた。ただ、準備的口頭弁論を統合することから、新たな手続を公開することもできるものとし、また書面による準備手続を統合することから、新たな手続は期日を指定せずに行うこともできるものとさ[109]

---

105)　法務省民事局参事官室編『一問一答新民事訴訟法』（商事法務研究会、1996年）214頁参照。

106)　旧法では、受訴裁判所が合議体である場合であっても、書面による準備手続の主宰者は裁判長とされていたため、陪席裁判官（主任裁判官である左陪席等）がその手続に（正面から）関与できないこととなり、実際上の不便を生じていたともされる。

107)　部会審議では、判事補のみを受命裁判官とすることはできない旨の規律を求める意見もあったが、判事補が受命裁判官となることのできる弁論準備手続との対比でも、やはりそのような限定を付す理由はないとされた。部会資料29-2の19頁参照。

108)　さらに準備的口頭弁論も口頭弁論の一種として当然ウェブ会議が可能になる（後述(2)参照）。なお、準備的口頭弁論それ自体については、今回、特段の改正はされていない。

109)　ただ、公開手続によるときも、受命裁判官により手続を行うことができることを前提としていた。

れた。このように、新たな争点整理手続は、現行法の３種類の争点整理のい[110)]
ずれのような方式であっても、裁判所の裁量（および当事者の意見聴取）に基
づき実施できる、柔軟な手続として構想されたものであった。

　以上のような争点整理手続の統合につき、分かりやすさの観点、また手続
の柔軟性の観点等からこれを支持する意見も有力にあった。[111)]たとえば、現在
は、いったん弁論準備手続に付する決定をした後、公開による争点整理が望
ましいという状況になったときには、その決定を取り消した上で、新たに準
備的口頭弁論に付する必要があるが、上記の新たな手続ではその必要はなく
なり、期日ごとにその公開・非公開を裁判所が柔軟に決すればよいことにな
る。しかし、部会においては、そこまでの改正のニーズは見出されず、一本
化によって当事者にとってはかえって手続の透明性や予見可能性が低くなり、
相当ではないという意見も多く出された。[112)]その結果、この点の改正は最終的
に見送られ、上記のように、３種類の争点整理手続を維持しながら、それぞ
れの手続の改善（微調整）を図ることとされたものである。

(2)　ウェブ会議による口頭弁論

(i)　口頭弁論のウェブ会議による実施

　以上のような争点整理手続に加えて、令和４年改正によって、口頭弁論期
日でもウェブ会議が利用できることとなった。[113)]すなわち、裁判所は、相当と
認めるときは、当事者の意見を聴いて、ウェブ会議の方法によって口頭弁論
の期日における手続を行うことができる（87条の２第１項）。口頭弁論は民事訴
訟における最も正式な手続であり、必ず公開法廷において実施することが求
められるが、そのような場合であっても、（争点整理に係るフェーズ１の運用等

---

110)　そして、その場合は、期日外で電話会議等による協議を行うことも認められるものとされた。

111)　パブリックコメント結果の概要については、部会資料 20 の６頁以下参照。

112)　また、３種類の争点整理手続を相互に行き来する必要がある事件が実際上どれほどあるのか
　　も疑問とされた。

113)　なお、この点は人事訴訟手続においても適用除外とされておらず（人訴 29 条２項参照）、人
　　事訴訟の口頭弁論期日においても、当事者はウェブ会議の方法を利用して出席することができ
　　ることになる（ただし、その施行時期の特則については、第１章注(85)参照）。

に鑑みると）ウェブ会議で当事者や代理人の顔が見える形で行われる限りにおいては、物理的な出頭までは必要なく、他方でウェブ会議によることで当事者の大きな利便性が認められるからである。なお、当事者が現実の出席を希望する場合には、裁判所は法廷への出頭を拒絶することはできないことが当然の前提とされている。[114]

　ウェブ会議の要件はやはり相当性であり、裁判所の裁量に広く委ねられている。[115] 当事者が参加する場所も相当性判断の中で裁判所の裁量により決せられる。[116] もちろん、口頭弁論は法廷での公開、すなわち第三者の傍聴が前提となるものであり、直接主義・口頭主義といった口頭弁論の諸原則が適用になるので、弁論準備手続等のように電話会議は利用できず、常に映像が付いたウェブ会議に限定される。[117] ウェブ会議でも、当事者や代理人が口頭で陳述し、その挙動を裁判官が画面越しに認識できる限り、直接主義や口頭主義という理論的観点からも、特に問題はないと考えられたものである。[118] 実務上は本人

---

114) ただし、立案段階での提案につき、「現実の出頭をする権利が当事者に保障されるとはいっていない」と評価するのは、内海・前掲注(96)54頁注31参照。

115) 立案過程では、当事者に異議権（相手方の現実の出頭を求める権利）を認めるべき旨の意見もあったが、相手方当事者がウェブ会議で出席したとしても、その主張や証拠提出等は映像や音声で十分確認できるので、そのような拒否権を認める必要はないものとされた。

116) これにつき、「訴訟代理人の事務所や自宅が通常であろうが、出張先のホテルから参加することも考えられる」とされるのは、大坪・前掲注(1)31頁以下参照。

117) ウェブ会議は、条文上は「裁判所及び当事者双方が映像と音声の送受信により相手の状態を相互に認識しながら通話をすることができる方法」と表現されている（これは正確には、ウェブ会議以外のテレビ会議（裁判所内の閉域網に基づくシステム）も含む概念であり、旧法でもすでに証人尋問において用いられていた法概念を（それは実際にはテレビ会議のみを想定していたものであるが）そのまま用いている）。他方、「裁判所及び当事者双方が音声の送受信により同時に通話をすることができる方法」は、電話会議およびウェブ会議（さらにテレビ会議）の双方を含む概念として用いられている。

118) 阿多・前掲注(93)19頁も、直接主義との関係で「裁判官が提供を受けるデジタル情報は当事者対席の場で感受するアナログ情報に比べ質的・量的に格段に劣るとまではいえない」と評価される。ただし、内海・前掲注(96)56頁以下は「やや口うるさくいえば、若干の留保が必要となる」とされ、システムが良好に機能しなかった場合の問題や公開性（傍聴人の権利保障）の問題、当事者が裁判所に傾聴を求める権利等の後退の問題を論じられる。また、青木哲「証人尋問等におけるウェブ会議等の利用」重要論点93頁は、（証人尋問等との関係であるが）画面越しでの対面は、裁判官が口頭の陳述から受ける印象を不鮮明にするおそれがある旨を指摘する。

確認をいかに行うかという問題があるが、[119]この点は（現在の期日における本人確認と同様）基本的には実務の運用に委ねられた。[120]

　なお、最高裁判所規則においては、弁論準備手続などと同様、裁判所が通話者を確認するとともに、通話者の所在場所の状況がウェブ会議によって手続を実施するために適切なものであることを確認するものとされる（規30条の2第1項）。[121]加えて、以上のような内容は口頭弁論期日調書に記載されることになる（同条2項）。

(ii) 口頭弁論の公開に係る規律の維持——インターネット中継等の可能性

　口頭弁論は公開主義の要請により公開するものとされ（憲82条）、それは現実の法廷に傍聴人を入れることによって行われている。このことは、ウェブ会議によって口頭弁論の期日における手続を行う場合も基本的に変わらないものと考えられる。すなわち、ウェブ会議を利用した口頭弁論では、裁判官や裁判所書記官等は公開の法廷に所在し、ウェブ参加する当事者等は法廷のスクリーンに映し出され、傍聴人は傍聴席からそれを見るという公開形態になるものと考えられるが、[122]それで憲法上の公開原則を充たすことができるものと解されよう。そのような形態であっても、従来と同様、傍聴人からはすべての手続を視覚・聴覚において感受し、傍聴することができるからである。[123]

　なお、将来的には、裁判所が法廷の模様をユーチューブ等で同時中継・配

---

119)　ただ、この問題は現行法上の争点整理においてもすでにある問題である（顔の見えない電話会議の方が、よりシビアな問題となりうる）。今津綾子「口頭弁論期日等におけるウェブ会議の活用」ジュリ1577号（2022年）42頁注8も、電話会議に比して、「ウェブ会議におけるほうが、例えば本人の写真入り身分証を画面に表示させる等、より効果的に本人確認を行うことができる」と評価する。

120)　部会の議論では、ウェブ会議を用いた入廷に際しては事件管理システムへのログインを必要的とし、そこでの本人確認を活用するという意見があったとされる（中間試案補足説明・別冊NBL175号84頁参照）。

121)　なお、争点整理の場合と同様、通話先の場所（住所地番）や電話番号は確認・調書記載の対象にならないが、口頭弁論の場合は、期日が公開されるため、それらを確認等するとすれば、争点整理の場合以上に、個人情報・プライバシーに対する弊害が大きいものと考えられよう。

122)　阿多・前掲注(93)18頁は、「当事者の口頭でのやりとりはスピーカーを通じて法廷内に拡声される」とされる。

信するような形で、公開主義の趣旨を拡大するようなことも考えられないではない。¹²⁴⁾しかし、そのような形で自己の訴訟が一般に広く知られるのであれば、訴え提起や防御を躊躇するという当事者の意識の問題などもあり、現時点では法廷傍聴による公開の方式が基本的に前提とされたものである。ただ、将来的には、このような当事者の意識の変化もありえ、たとえば、上告審（最高裁判所等）の口頭弁論などから新たな公開のあり方を模索するということも考えられないではなかろう。¹²⁵⁾

(iii) 無断での写真撮影等の禁止

　また、立案過程では、このような形でウェブ会議を拡大する中で、ウェブで口頭弁論に参加する当事者等が、期日の模様を無断で写真撮影（スクリーンショット）や録画、インターネット配信等をする事態も想定され、それを防止するため、何らかの制裁規定が必要ではないかが議論となった。そして、中間試案の段階では、そのような制裁を設ける案が提示されていた（中間試案第5の2参照）。¹²⁶⁾現行法上も、法廷における写真撮影や録音・録画等は裁判長の許可を得なければすることができないが（規77条）、その違反に対する明確な制裁が存在していないからである。その結果、当事者や代理人等の期日における様子がインターネット上で公開されるなどして、そのプライバシーや個人情報、営業秘密等が漏洩し、広く拡散することも懸念され、それが提訴に

123）　この点、電話会議で実施する場合は、（当事者等が見えないため）直接主義や公開主義との抵触がより問題となりうるが、現行法上、少額訴訟では証人尋問が電話会議で実施できるところ（372条3項）、その点について公開主義等からの疑義は呈されておらず、その点の許否についてはなお議論がありえよう。

124）　口頭弁論のテレビ中継やインターネット中継も、現行法上禁止されてはいないと理解されよう（中間試案補足説明・別冊 NBL175 号 87 頁参照）。

125）　このような問題につき諸外国の状況なども踏まえた論稿として、本間学「デジタル時代における民事訴訟の公開とその課題」民訴 69 号（2023 年）148 頁以下など参照。阿多・前掲注(93) 22 頁注 4 は、「裁判官や当事者がアバター（分身）を指定して、画面上のバーチャル法廷で、訴訟行為や証人尋問を行えるわけではない」とされるが、近未来には、そのようなバーチャル法廷の実現も考えられないではなかろう。

126）　具体的な制裁としては、過料やウェブ会議の利用禁止などが考えられるとされていた（中間試案補足説明・別冊 NBL175 号 87 頁参照）。

抑制的な効果をもたらし、訴訟手続の円滑な進行を害するおそれがあろう。

　しかし、最終的には、このような制裁規定の創設は見送られた。ウェブ参加する者のみに制裁を加えることが他の規律と整合するか、現在もすでにある法廷等秩序維持法（同法2条1項）や裁判所法における法廷警察権（裁71条2項・72条・73条）に係る監置、過料や退廷命令、刑罰（拘禁・罰金）の制裁との関係をどのように整理するか、¹²⁷⁾また民事訴訟のみならず刑事訴訟の場合をどのように考えるかなど検討すべき問題点が極めて多いためである。その結果、むしろ法施行後の濫用的事象の状況を見極めるとともに、刑事訴訟の IT 化などの動向も踏まえながら、将来改めて対処するのが相当と考えられたものである。

　ただ、規則の規律との関係では、法廷における写真撮影等の制限に係る規律を改正し、法廷での行為だけではなく、それ以外の手続期日や期日外の審尋、書面による準備手続の協議等をも広く対象とすることが改正要綱の注において提言されていた。これを受けて、このような制限は、法廷（つまり口頭弁論）だけではなく、広く「民事訴訟に関する手続の期日」に及ぶものとされ、さらに期日以外でも、期日外の審尋や書面による準備手続の協議にも妥当することが明示された¹²⁸⁾（規77条）。他方、許可を要する行為については、スクリーンショットの撮影、音声のテキストへの自動変換、映像・音声等のインターネットにおける生配信等についても、現在の「写真の撮影、速記、録音、録画又は放送」の文言で読み込めるとの理解が前提とされ、対象行為に係る改正は行われていない。¹²⁹⁾

---

127)　現行法はいずれも裁判官がウェブ会議等を通して直接目撃ないし聞知しうる行為を問題にしているが、それを超えて裁判官が直接現認していない行為にまで制裁を科すとすれば、現在の法制度全体との整合性が問われることになろう。

128)　そのため許可の主体としても、裁判長だけではなく、受命裁判官および受託裁判官が加えられている。

129)　その背景には、このような行為は今後も様々な態様において生じる可能性があるところ、具体的な行為を念頭に文言を細かく書き改めてしまうと、かえって将来において対象行為の欠落等の問題が生じるおそれが懸念されたためである。

(3) ウェブ会議を利用した証人尋問等[130]

(i) ウェブ会議による証人尋問の意義

令和4年改正では新たに証拠調べとの関係でも、ウェブ会議を利用した証人尋問が可能とされることになった。この点は、前述のとおり（第1章2(1)参照）、従来もテレビ会議[131]を利用して尋問ができたわけであるが、その場合は、証人等は最寄りの裁判所に出頭する必要があり[132]（規123条1項）、実際にはあまり利用されていなかった。今回の改正では、適正な尋問を行うことができる場所であれば、証人等が裁判所の外にいても尋問を可能とする予定である[133]。これによって、証人等の利便性が大幅に増大し、その結果、当事者も従来は法廷への出頭が困難であるためにあきらめていた証人の申請も可能になり[134]、適正な裁判の実現にも寄与しうるものと考えられる。また、集中証拠調べに係る日程調整等が容易になれば、手続全体も迅速化できる可能性があり、ウェブ尋問の活用が期待されよう。

(ii) ウェブ尋問の要件

以上のように、証人のウェブ尋問に向けた技術的基盤は整備されてきてい

---

130)　中間試案段階でのこの問題全般につき検討したものとして、青木・前掲注(118)85頁以下参照。

131)　これは各裁判所を結ぶ閉域網においてテレビ会議システムを利用して行われることが前提とされていた。ただ、条文上の文言としては、テレビ会議とウェブ会議は特に区別がされていないことに注意を要する。

132)　「証人を当該尋問に必要な装置の設置された他の裁判所に出頭させてする」ものとされる。なお、鑑定人については、後述のように、このような制限はなかったものの（規132条の5第1項は、鑑定人を「当該手続に必要な装置の設置された場所であって裁判所が相当と認める場所」に出頭させるものとする）、実際にはやはりその利用は限定的であったようである。

133)　この点は、前注のとおり、現在も規則事項であるため、「他の裁判所」への出頭の部分の削除が想定され、それに代わって（鑑定人の規律のように）「裁判所が相当と認める場所」とするなどの規律が規則で新たに定められるものと考えられる。なお、中間試案では一方当事者のみが在席する場所での尋問は明示的に認めない（法律上の）規律が提案されていたが（第9の1(2)ア参照）、要綱では、単に「裁判所以外の場所に証人を所在させることを認めることとした上で、部会のこれまでの議論を踏まえ、その際の所在場所の要件を定めるものとする」と抽象化されており（要綱第7の1(注)参照）、最高裁判所規則の定めに広く委ねられた。

134)　大坪・前掲注(1)33頁参照。

るものと考えられるが、証人尋問は、特に直接主義の要請、つまり裁判官が証人の表情・顔色や声、動作や態度等を子細に観察して心証をとることが重要になる証拠調べの方法である。[135] その点で、近年の IT 技術の発展を踏まえてもなお、現実に相対して実施する尋問と全く同じ心証を裁判官が形成できるかには疑義もある。加えて、証人に真実を語らせるためには、法廷の厳かな雰囲気が必要であり、法壇に座った裁判官の面前で宣誓をさせた上で陳述をさせることが重要であるとの考え方もある。そこで、ウェブ会議による証人尋問等を実施できる要件については、（口頭弁論のように単に裁判所が相当と認める場合というだけではなく）一定の限定が必要なものと考えられた。

　そこで、現行法が定めている要件、すなわち証人が遠隔地に居住する場合（旧 204 条 1 号）および証人が圧迫を受け精神の平穏を著しく害されるおそれがある場合[136]（同条 2 号）を拡大する形で改正がされた。[137] すなわち、まず、旧法の遠隔地居住要件については、「証人の住所、年齢又は心身の状態その他の事情により、証人が受訴裁判所に出頭することが困難であると認める場合」（204条 1 号）に拡大された。[138] 遠隔地居住は、上記考慮要素のうち、住所に吸収されていると考えられるが、そのほか、年齢（高齢者等）や心身の状態（身体障碍者等）が含まれることに加え、「その他の事情」というところで、証人が様々

135)　なお、公開主義との関係で、傍聴人が尋問の音声のみを聴くことのできる状態にあれば、公開主義に反しないかが問題となりうる（この点は、前掲注（123）も参照）。映像が映し出されなくても違憲とまではいえないとする見解として、笠井正俊「e 法廷とその理論的課題」法時 91 巻 6 号（2019 年）19 頁などがあり、傍聴人が映像と音声により証言を視聴しうる状態にあることが要請されるとする見解として、青木・前掲注（118）91 頁などがある。なお、最判平成 17・4・14 刑集 59 巻 3 号 259 頁は、刑事事件に関して、証人と傍聴人との間に遮蔽措置（刑訴 157 条の 6）がとられた場合であっても、審理が公開されていることに変わりはないと判断している（これによれば、傍聴人が証人を視覚上現認しうることは、少なくとも公開主義の要請には含まれないことになろうか）。

136)　これは犯罪被害者保護のために、いわゆるビデオリンク方式を認めるため、平成 19 年の民事訴訟法改正の際に導入された規律である。その趣旨につき、山本和彦「犯罪被害者の保護」伊藤眞＝山本和彦編『民事訴訟法の争点』（有斐閣、2009 年）36 頁以下など参照。

137)　上記 2 号の場面はそのまま維持されている。

138)　なお、阿多・前掲注（93）21 頁は、1 号の拡大につき、直接主義の後退ではなく、「裁判所外の証拠調べ（現行法 185 条 1 項）からの取込みと整理すべきである」と解されている。

な事情で出頭困難な場合には比較的広く認められる余地がある。この点は法施行後の解釈・運用に委ねられるが、同居高齢者の介護や子供の世話などのほか、業務多忙による場合にも広くウェブ尋問を認めてよいのではないかと思われる[139]。

　さらに令和4年改正によって設けられた新たな場面として、当事者に異議がない場合（204条3号）が要件とされている。これによって、証人の立場から見てウェブ会議による尋問の必要性がある場合に加えて、当事者側に異議がない場合にも広くウェブ尋問の利用を認めることとしたものである。当事者に異議がない場合は、理論的に見れば、直接主義による利益を当事者が放棄した場合ともいうことができよう。実務上は、多くの場合はこの要件によって処理されることになるものと予想される。

　なお、いずれの場合もさらに裁判所による相当性の認定が前提となることが明示されており（204条柱書）、裁判所の心証形成の観点からリアルでの尋問が必要と考えられる場合には、（仮に両当事者がウェブ尋問の実施に異議がない場合であっても）裁判所はなお法廷での尋問を実施できることは言うまでもない。ただ、以上のようなウェブ尋問の制限は、（対面とウェブ画面での情報量の差という点で）現在のIT技術の限界に強く規定されていることもまた確かである。したがって、将来、通信技術が5Gなどで飛躍的に進歩し、ホログラム等の新技術も発展してくると、当然変化してくる性質のものであり[140]、将来またこの要件の見直しが必要になっていく可能性があろう。

(iii)　ウェブ尋問の手続

　以上のような要件を充たして、ウェブ会議を利用した証人尋問を実施する場合、その手続が問題となる。ただ、証人尋問の手続は基本的には最高裁判

---

139)　部会審議では、医師や研究者などの専門家である証人が多忙のため出頭困難である場合も、この要件に該当すると考えるべき旨の意見があったとされるが（中間試案補足説明・別冊NBL175号125頁参照）、そのような事情は必ずしも専門家証人の場合に限られないように思われる。

140)　また、前述の証人の意識（「法廷の厳かさ」等）の問題も、やはり一般の人の意識の将来における変化が観念できよう。

所規則に委ねられており、それはウェブ尋問の場合も同様である。しかるに、この点の規則は未だ制定されていないので、今後の課題である。[141]

　法律の立案過程で議論された最大の論点としては、証人の所在場所の問題がある。現在は、前述のように、テレビ会議尋問の場合の証人は最寄りの裁判所に赴く必要があり、これがその利用の阻害事由となっていることは否定し難い。他方、ウェブ尋問については、基本的にインターネット環境が整っていさえすれば、裁判所に限定する必要はなくなる。ただ、他方で、証人が不特定多数の者がいる場所に所在し、証言内容のプライバシーが確保できない場合、証人の所在場所に証人に対して不当な影響を与えうる者が同席している場合、証人の通信環境が十分な水準ではない場合等には、やはりウェブ尋問を認めることは相当ではなかろう。また、当事者の一方やその関係者のみが在席する場所は適当ではなく、法律で明確に排除すべき旨の意見なども示されていた。[142]ただ、それに対しては、証人に対して不当な影響を生ずる場合として当事者の一方の同席のみを規定することの相当性については様々な意見もあり、結局、法律上の規律は見送られた。その結果、要綱においては注記がされ、「ウェブ会議等により証人尋問を行う場合における証人の所在場所については、……裁判所以外の場所に証人を所在させることを認めることとした上で、部会のこれまでの議論も踏まえ、その際の所在場所の要件を定めるものとする」こととされた。したがって、最高裁判所規則においては、（どの程度その具体化が図られるかはともかく）適正な尋問を行うことができる場所が何らかの形で要件化されるものと考えられよう。[143]

　また、部会審議では、証人の宣誓の方法についても議論がされた。現行規則上、宣誓の方法として、証人に宣誓書を朗読させ、これに署名押印させる

---

141)　また、書類に基づく証人の陳述の禁止についても、書類だけではなく「書類その他の物」に基づく陳述を広く禁止している（203条）。これは、（証人が法廷外で尋問を受けるような場合を念頭に置いて）単に書類だけではなく、パソコンやスマホの画面などを見ながら尋問に答えることを禁止する趣旨を明確にしたものである。

142)　中間試案では、この点を明文化する案が示されていた（中間試案第9の1(2)ア参照）。ただ、その例外として、当事者に異議がない場合や裁判所が事案の性質や当事者と当該証人の関係等の事情を考慮して相当と認める場合がさらに除外されていた。

ものと定められている（規112条3項）。しかるに、証人尋問がオンライン化され、訴訟記録がデジタル化される中で、このような規律をそのまま維持することは困難と考えられる。一方、宣誓に伴う効果として偽証罪の制裁等がある以上、何らかの様式性を確保することが望ましいとの見方もあった。そこで、部会では、書面の形式による宣誓書の作成に代えて、電子データの形式による宣誓書を作成することとし、この場合には、署名押印に代えて、作成者を明らかにする措置をとることなどが議論された[144]が、この点に関する規律も、部会での審議を踏まえた上で、最高裁判所規則に委ねられることになる。

(iv)　外国所在証人に対するウェブ尋問

　立案過程では、外国に所在する証人等に対して、ウェブ会議を活用した尋問手続を行うことの可否も論じられた。この点は、外国に所在する当事者に対するシステム送達の問題（本章2(2)(iv)参照）などと同様、別途、研究会（前掲注(67)参照）において検討がされたが、やはり主権侵害の問題があり、今回は手当てがされなかった。この点、証人等が同意して外国においてウェブ尋問に応じているのであれば、証人等や当事者にとっても、また裁判所にとっても便宜となる場面は十分に想定できることから、その必要性を主張する意見も強かった。しかし、そのような場合であってもなお、自国領域内に所在する証人について、他国の裁判所が尋問する場面で国家主権をオーバーライドできるかについては疑義が否めず、引き続き国際法や条約上の議論に委ねられることになったものである[145]。

---

143)　部会審議では、その相当性に異論のない場所として、弁護士会や司法書士会の会議室、訴訟代理人の事務所等が挙げられており、さらに、医師等の中立性の高い証人については、その勤務先である病院等も認められうるとされていた。また、不当な影響を与える第三者の所在については、両当事者が証人と同席する場合には、当事者の監視に委ねるほか、医師等中立性の高い証人については、当事者や裁判所職員が立ち会う必要はない旨の意見も出されていた。

144)　宣誓を口頭弁論調書に記載すれば足りるとの考え方もあるが、宣誓書には、宣誓の趣旨を証人に自覚させ、その趣旨に沿う証言をすべきことを深く認識させるという意味もあるため、宣誓書の廃止には慎重であるべきとの意見もなお示されていた。

(v)　証人尋問以外の場面の人証に係る規律

　以上が（人証において）最も中核となる証人に関するウェブ尋問の規律であるが、それ以外の場面においても、令和 4 年改正はウェブ会議の活用を認めている。まず、証人尋問において、尋問に代わる書面の提出の場面である。従来から、当事者に異議がなく、裁判所が相当と認めるときは、証人の尋問に代えて書面の提出をさせること（いわゆる書面尋問）が可能であったが（205 条 1 項）、当該書面に代えて、書面記載事項の電磁的記録をインターネット経由で提出したり、電磁的記録媒体で提出したりすることも認められる（同条 2 項）。オンライン申立て等と同趣旨の規律である[146]。

　次に、当事者尋問についても、証人尋問に関する規律が広く準用されており、ウェブ尋問に関する 204 条も準用されている（210 条）。その結果、証人尋問に関する上記と同様の要件（前述(ii)参照）で当事者についてもウェブで尋問することが認められる。その手続（前述(iii)参照）についても、最高裁判所規則で証人のウェブ尋問と同様の規律が設けられるものと予想される。

　最後に、鑑定人が口頭で意見を述べる場合には、裁判所が相当と認めるときは、ウェブ会議の利用が可能とされる（215 条の 3）。鑑定人については、証人とは異なり、従来から要件が緩和されており、「遠隔地に居住しているときその他相当と認めるとき」という形で広く裁判所の裁量に委ねられていた。これは、専門家である鑑定人は多忙な者も多く、民事訴訟手続に協力しても

---

145)　なお、当事者が外国からウェブ会議で口頭弁論や争点整理の期日に出席できるかも引き続き解釈に委ねられている。証人尋問の場合も含めて、そのような期日において裁判所が一定の訴訟指揮権（命令等）を行使する場面は否定できず、それが主権行使に当たるとすれば、やはりなお問題はあろう（ただ、この場合、裁判所の命令に従わなくても、ウェブ会議の中止・回線の切断等の制裁しかないのであれば、それを主権の行使とまでいうべきかどうか、なお議論はありえよう）。

146)　なお、当該書面の記載事項やファイルに記録された事項等につき、裁判所が当事者に対して提示しなければならない旨の規律も新設された（205 条 3 項）。当然のことではあるが、調査嘱託に関して（判例法理（最判昭和 45・3・26 民集 24 巻 3 号 165 頁）に即して）当事者に対する調査結果の提示が規定されたこと（186 条 2 項）とパラレルの規律を明定し、かつ、このような提示（さらに鑑定意見および鑑定嘱託に係る鑑定結果の提示を含む）が弁論準備手続においても可能であること（170 条 2 項）を明らかにする（前掲注(94)参照）前提として、このような規定を設けたものと考えられる。

らうためには最大限その便宜を図る必要があったことによる。今回の改正では、それをさらに進め、遠隔地要件を削除して、裁判所の裁量を拡大した。これは、専門家の意見の説明という鑑定の性質上、証人尋問の場合ほど直接主義の要請は強くないし、鑑定人の負担の緩和により鑑定人の人材確保をより容易にする必要があったことによる。加えて、鑑定人が書面で意見を述べる場合にも、従来の書面の提出のほか、書面記載事項の電磁的記録をインターネット経由で提出したり、電磁的記録媒体で提出したりすることが認められる（215条2項）。証人の書面尋問の場合と同様の趣旨である。[147]

(4)　ウェブ会議を利用した検証

(i)　ウェブ検証の意義

物証の手続としては、検証についてもウェブ会議を利用することが可能とされた。検証は、裁判官が五官の作用により事物の形状・性質・状況等を感得し、その内容を証拠資料とする証拠調べの方法である。ただ、現状では、境界紛争や建物の瑕疵等をめぐって現地を見る必要がある場合においても、裁判官や当事者が現地に実際に赴かなければならず、それが遠隔地である場合などには大きな負担になるため、検証自体があまり利用されていないといわれる。[148] しかし、裁判官の五官の作用として、視覚が中心的なものであるとすれば、裁判所と現地をウェブ会議で結んで（一種の中継をして）検証を実施することができれば、裁判官は裁判所に居たままで現地の状況を子細に確認して心証を形成することができ、（あえて現地に赴かなくても）それで十分である事案も多くあると考えられる。他方で、やはり実際に裁判官がリアルに現場を見る場合とウェブ会議を通して見る場合とでは心証に及ぼす効果が違う可能性があるので、当事者が裁判官の直接の確認を求める場合には、その意

---

147)　さらに規則事項との関係では、鑑定人の証人等に対する発問（規133条）をウェブ会議等によって可能とすること、鑑定人の宣誓書の提出（規131条2項）についてオンライン経由で可能にすることなども、今後検討されるものとみられる。

148)　2020年の統計によれば、検証が実施された民事第1審（地方裁判所）訴訟事件は157件にすぎず、全事件の0.1％に止まる（最高裁判所事務総局・第1章注(55)68頁参照）。

向を尊重する必要もあると考えられる。

そこで、令和4年改正では、ウェブ会議（映像と音声の送受信により検証の目的の状態を認識することができる方法）による検証が可能とされたが、それは当事者に異議がなく、かつ、裁判所が相当と認める場合に限られている（232条の2）。なお、この場合、当事者の所在場所は、法律上特に規定はなく、裁判所および当事者の協議・判断に委ねられるものと解される。すなわち、一方当事者は通常現場に所在することになると考えられるが、他方当事者は現場にいるか、裁判官とともに裁判所にいるか、あるいは別の場所（弁護士事務所等）からオンラインで参加するかは、当事者との協議および裁判所の相当性判断に委ねられよう。

(ii)　いわゆるハイブリッド型検証に関する議論──裁判所外における証拠調べ

立案過程では、裁判所が合議体である場合、そのうちの一部の裁判官が現地（検証場所）に赴き、他の裁判官が裁判所においてその模様を視聴するという、いわゆるハイブリッド型の検証の当否も議論された。すなわち、合議体の全員が裁判所外の現場での検証に赴くことは負担が大きいが、一部の裁判官（主任裁判官等）のみが現地に赴き、他の裁判官が裁判所からその模様を見ることができれば、（現在の裁判所外の証拠調べのように）受命裁判官以外の裁判官は現地を一切見ないで報告だけを聞いて判断するよりは、より直接主義の趣旨に適うとも考えられる。また、合議体の構成員の一部であっても現地に赴くとすれば、合議体構成員全員がウェブ会議で参加するよりも、やはり直接主義の要請に適うと見ることができよう。

そこで、中間試案では、裁判所外の証拠調べの1つの方法として、このようなハイブリッド型検証の制度が提案されていた（中間試案第10の3⑵参照）。そこでは、検証に限らず、裁判所外での証人尋問（いわゆる所在尋問等）も規律の射程に入れ、裁判所外の証拠調べについて、合議体の構成員を「その期日における手続を行う場所以外の場所」に在席させることができるという規律が提案された。そして、その場合には、受命裁判官による証人尋問を行う場合の要件（195条）や、ウェブ尋問を行う場合の要件（204条）等も不要とす

るものであった。

　しかし、このようなハイブリッド型の証拠調べの方法の位置付けについて
は、特に証人尋問等においてこのような方法を利用する場合には、むしろ口
頭弁論期日における証拠調べとして位置付けるべきである旨の反対論も部会
審議で示された。[149]この考え方は、このような証拠調べの公開による実施を重
視するものであった。しかし、このような法律構成による場合、何故に合議
体の構成員が別々の場所に所在できるのか、あるいはそもそも法廷外の場所
から裁判官が法廷の手続に関与できるのか、[150]また合議体の構成員が必ずしも
同一ではない証拠資料に基づき心証を形成できるのかなど、[151](刑事手続を含む)
裁判所法全体に及びかねない大きな理論的問題を惹起することになる。[152]結局、
後者のような立場での強い意見がある（つまり裁判所外の証拠調べと位置付け
ることには強い抵抗がある）一方、裁判所における証拠調べと位置付けること
に対する上記のような理論的問題点を解消するには至らず、ハイブリッド型
証拠調べについての規定は全面的に見送りとなったものである。[153]

---

149)　中間試案第10の3(2)(注)参照。この意見によれば、当該期日の手続は法廷で行われているこ
　　とになり（当然公開が前提となる）、裁判所外にいる構成員や当事者がオンラインで手続に参加
　　しているという位置付けになろう。また、裁判所外での証拠調べにおいて必要になる、後の口
　　頭弁論における証拠調べの結果の顕出の手続も不要となる。ハイブリッド型の手続をどのよう
　　に位置付けるかをめぐる詳細な議論については、部会資料15の5頁以下（特に6頁の表）、同
　　20の29頁以下など参照。

150)　これが認められるとすれば、たとえば、裁判官が自宅等から法廷にオンラインで参加して、
　　訴訟指揮等をすること、ひいてはバーチャル法廷等も認められることになりかねない。

151)　証拠を現場で直接確認するのと、ウェブ会議等を通じて確認するのとでは、心証形成に実質
　　的な差があることは否定できない（204条や232条の2の要件は、法律上もそのような差があ
　　ることを前提にしたものとも解されよう）。仮にこれを口頭弁論の手続として位置付けるとす
　　ると、いったん口頭弁論でされた証拠調べの結果につき、その後の口頭弁論でさらに顕出を要
　　するとも考えられ、口頭弁論という民事訴訟の基本的概念に齟齬をきたすおそれがあるとされ
　　た（また、この問題は、たとえば目が不自由な者が裁判官として民事訴訟を担当できるのか、
　　といった根源的な問題にも関連してくるように思われる）。

152)　もちろん前者の裁判所外の証拠調べとして位置付ける構成によっても理論的問題が全くない
　　わけではない。ただ、裁判所外の証拠調べはもともと受命裁判官による手続の実施が可能なも
　　のであり、他の裁判官が（その法的な位置付けはなお議論がありうるものの）他の場所からオ
　　ンライン経由で手続に参加するハードルは（他の場所から裁判官が法廷の手続に参加するより
　　も）低いものと考えられよう。

　その結果、令和 4 年改正は、裁判所外の証拠調べについては、ウェブ会議を利用できることのみを規定した（185 条 3 項）。これはやはり検証や所在尋問等が適用の対象となるが、このような場合に、当事者の一方または双方が現実の出頭をせずにウェブ会議による出頭を可能とすることが当事者の利便性および迅速な手続の実現の観点から望ましい点に異論はなく、部会審議においても、この範囲では特段の反対なく採用されたものである。このウェブ会議の利用は、口頭弁論の場合と同様、（当事者の意見を聴く必要はあるものの）広く裁判所の相当性判断に委ねられている。

(5)　ウェブ会議等による他の期日および立会等

(i)　和解期日

　以上、主要な期日について見てきたが、それ以外の期日についても、改正法ではウェブ会議等による実施可能性が規定されている。

　まず、和解期日については、従来必ずしも規律が明確ではなかった。そもそも和解期日についての定めが旧法にはほとんどなく、期日の形式も定められていなかったため、旧法上も電話会議等の利用は可能である旨の見解も[154]あったが、実務上は明文の規定がないため、それを否定する見解が一般的で[155]あった。そこで、今回の改正では、和解期日において、電話会議・ウェブ会議等を利用することができる旨を明らかにした[156]（89 条 2 項）。

---

153)　なお、実務運用として、裁判所外での受命裁判官の証拠調べ（検証や所在尋問）について、他の構成員が事実上ウェブ会議でその模様を傍聴することが可能か等については、なお解釈に委ねられているものと解される（仮にこれを運用上可能であるとしても、他の構成員が直接発問すること等は認められないことになろう）。

154)　筆者自身は従来もそのような理解をとっていた。高田裕成ほか編『注釈民事訴訟法　2 巻』（有斐閣、2023 年 8 月刊行予定）89 条注釈［山本和彦］参照。

155)　その結果、和解の話合いを電話会議で行う必要がある場合には、弁論準備手続等の争点整理手続の中で和解協議がされていたようである。

156)　その要件は、口頭弁論等の場合と同様、当事者の意見を聴いて、裁判所が相当と認める場合に広く認められている。実務的にも「和解条件の詰めの交渉をするような場合は対面でなければ難しいが、条件の提示にとどまるような場合にはウェブ会議や電話会議でも可能であり、利用されるものと思われる」と指摘するのは、大坪・前掲注（1）34 頁参照。

　加えて、前述のように、和解期日の中身については従来ほとんど規律がな
かったところ、今回の改正において、口頭弁論や受命裁判官の規律の準用な[157]
ど規定の整備が行われた。すなわち、口頭弁論に関する裁判長の訴訟指揮権
（148条）、訴訟指揮等に対する当事者の異議（150条）、通訳人の立会等（154条）、
弁論能力を欠く者に対する措置（155条）の各条文が和解期日についても準用
され（89条4項）、また受命裁判官や受託裁判官が和解の試みを行う場合には、[158]
訴訟指揮等に係る裁判長の職務はこれらの裁判官が行うものとされる（同条
5項）。

　このような規定の整備によって、和解の手続について最小限度の事柄が規
律されたことは1つの前進と評価できよう。なお、立案過程では、さらに進[159]
んで、和解に第三者（利害関係人）が参加する場合の規律についても明確化が
検討されたが（中間試案第11の2（注2）参照）、その理論的な位置付けを含めて
様々な議論がありうることから、今回は規定が設けられなかった（この問題に
ついては、後掲注(345)参照）。

(ii)　**審尋期日**

　また、いわゆる任意的口頭弁論に係る手続については、審尋が可能とされ
るが（87条2項、187条1項）、改正前はそれについて電話会議等を利用するこ
とは認められていなかった。しかし、決定手続は本来迅速な処理が想定され
ているものであり、当事者の利便性をも考慮すれば、電話会議・ウェブ会議
を活用することが望ましい場合があると考えられる。

　そこで、まず、いわゆる弁論に代わるものとしての当事者の審尋について
は、電話会議およびウェブ会議によることを可能としている（87条の2第2項）。
口頭弁論とは異なり、電話会議も可能とされる点に特徴があるが、これは、

---

157)　この点に関する立法論的な批判については、山本・前掲注(154)など参照。
158)　なお、口頭弁論の規定に関して準用されていないものとしては、釈明権に関する規定（149
　　条）を代表とする攻撃防御方法に関する規定があるが、これらは和解期日においては性質上、
　　攻撃防御方法の提出が想定されないことによる。
159)　訴訟上の和解に関する手続的規制の必要性に係る私見については、山本・第1章注（2）322
　　頁以下など参照。

審尋については、口頭弁論をしない場合に行う簡易な手続と位置付けられており、そもそも期日で行う必要すらなく、書面審尋等も可能であることからすれば、これを期日において行う場合にも、ウェブ会議に限定する必要はなく、電話会議によって簡便に実施することも認めながら、どの手続を選択するかは裁判所の判断に委ねれば足りると考えられたものである。

　他方、参考人および当事者本人の審尋については、証拠調べとしての位置付けがされるので、原則はウェブ会議によるものとされる（187条3項前段・4項）。ただ、当事者双方に異議がないときに限って、電話会議によることを可能とする（187条3項後段・4項）という、より厳格な規律となっている。この点、中間試案の段階では一般的に電話会議を可能とする考え方が示されていたが（中間試案第9の3参照）、その後の部会審議の中で、これが証拠調べの性質を有するものであり、直接主義の重要性を考えれば、参考人等の顔が見えない電話会議によることは原則として望ましくなく、電話会議によることは、双方当事者の異議がない場合に限るべきこととされたものである（この場合は、いわば当事者が直接主義を一部放棄したものと考えられよう）。ただ、ウェブ会議によることができる要件自体は、証人尋問の場合などよりも緩和されており、裁判所の相当性判断に委ねられているが[160]、これは証人尋問に比して（不出頭に対する制裁がなく、宣誓がないなど）簡易化された証拠調べの方法であり、当事者の尋問権も保障されていないという審尋手続の特質を反映したものである。

(iii)　進行協議期日

　また、最高裁判所規則において規定されている期日として、進行協議期日がある（規95条以下）。進行協議期日については、従来から、裁判所は、「当事者が遠隔の地に居住しているときその他相当と認めるときは」電話会議システムによってその期日における手続を行うことができるものとされていたが、その場合にやはり当事者の一方は期日に出頭する必要があった（旧規96条2

---

160)　この点は、相手方がある事件であって、当事者双方が立ち会うことができる審尋期日（187条2項）の場合にも、変わりはない。

項）。しかるに、弁論準備手続の場合（前述(1)(i)参照）などと同様、この場合も、電話会議等について遠隔地要件および一方当事者出頭要件を設ける必要性は特にないと考えられる。加えて、従来は電話会議による期日においては、訴えの取下げや請求の放棄・認諾ができないものとされていた（同条3項）。これは、この規定が設けられた当時の弁論準備手続期日の規律（平成15年改正前170条5項）に倣ったもので、顔の見えない電話会議では当事者の真意性の担保が困難と考えられたことによると解される。しかし、弁論準備手続におけるこの制限は平成15年改正によりすでに削除されており、またウェブ会議においてはそのような制限を加える合理性はますます乏しいものになっていると考えられる。そこで、進行協議期日でもこれらの訴訟行為を可能にすることが考えられるところであるが、これらの点は規則事項であるため、法制審議会の改正要綱においてその趣旨が示されたものの[161]、最終的には最高裁判所規則の改正に委ねられた。

　そこで、規則制定諮問委員会の議論を経た令和4年11月の規則改正において、まず、上記の遠隔地要件および当事者一方出頭要件は削除され、単純に裁判所が相当と認める場合には、双方当事者不出頭の場合であっても、広く電話会議・ウェブ会議による進行協議期日が可能とされた（規96条1項）。さらに、進行協議期日において電話会議等により手続に関与した者についても、訴えの取下げや請求の放棄・認諾を認めることとした（旧規96条3項の削除[162]）。以上に加えて、期日における確認事項および調書の記載事項に関し、弁論準備手続に関する規律（規88条2項）を準用し（規96条3項・4項）[163]、通話者の所在する場所の状況が電話会議等の方法によって手続を実施するために適切なものであることを確認するとともに、その旨を調書に記載するものとされる。

---

161)　要綱第5（後注）参照。

162)　なお、弁論準備手続の場合とは異なり、電話会議等による和解はできないものとされる。これは、訴訟の進行に関する協議を目的とする進行協議期日においては、そもそも訴訟上の和解ができないと解されること（規95条2項参照）を反映したものである。

163)　なお、進行協議期日においては、調書の作成は必須ではないが、相手方不在の期日において訴えの取下げがあった場合等には調書を作成することが想定される（規95条3項による261条4項・5項の準用参照）。

(iv)　専門委員等のウェブによる手続参加

　裁判所および当事者以外の者が手続に関与する際の方法について、専門委員の手続関与については、もともと専門委員が遠隔地に居住しているときその他相当と裁判所が認めるときには、電話会議によって説明や発問をすることが可能とされていた（旧92条の3）。ただ、これについても、遠隔地居住を特別の要件にする必要はないことは、これまでの様々な期日と同様と考えられる。そこで、今回の改正では、遠隔地要件が削除され、全面的に裁判所の相当性判断に委ねられることとされた（92条の3）。なお、専門委員が書面で説明等をする場合には、書面に代えて、オンラインまたは記録媒体による電磁的記録の提出も可能とされている（92条の2第2項）。

　専門委員は、その専門的知見に基づいて裁判所をサポートする役割の者であるが、類似した形で手続に関与する主体として、知的財産権関係事件における裁判所調査官（92条の8以下）や司法委員（279条）が存在する。これらの者についても、電話会議・ウェブ会議による手続参加が一応問題になるものと考えられるが、今回の改正では対象とされていない。これらの者は、裁判所の職員として広義の裁判所を構成する主体と位置付けられていること（裁判所調査官の場合）、あるいは、審理の立会に加えて、和解の補助など独立性の高い（ある意味では裁判官に代わる）役割が想定されていること（司法委員の場合）などを考慮すると、裁判所とは異なる場所から、ウェブ等で手続に関与することが相当ではないと判断されたものであろう。この点については、これらの者の職責や法的位置付けの整理などが引き続き必要になるとともに、[164]将来的には、裁判所構成員の裁判所外からの業務遂行（リモートワーク）の可否など、裁判所法を含む大きな枠組みの中で検討を要する課題であろう。

(v)　通訳人のウェブによる手続立会

　さらに、通訳人の立会についても同様の問題が生じる。日本の裁判所にお

---

[164]　後述のように、その他の民事裁判手続のIT化をめぐる議論の中では、たとえば、家庭裁判所の参与員について電話会議等による手続参加を認めていること（第3章1(3)(v)(c)・(vi)(c)参照）などとの平仄も問題となり得よう。

いては日本語の利用が必須となり（裁74条）、口頭弁論等に関与する当事者・証人等が日本語に通じないときは、通訳人を立ち会わせるものとされている（154条１項。なお、耳が聞こえない者や口がきけない者についても同様である）。そして、通訳人については、鑑定人に関する規定が包括準用されていることから（同条３項）、改正前も、鑑定人による意見陳述につきウェブ会議等によることを認めていた規定（旧215条の３）が通訳人の通訳にも準用されていた。ただ、鑑定人について規定されていた遠隔地要件やその関与をウェブ会議に限定している（電話会議による関与を認めない）規律等が、通訳人の確保をより容易にするという観点から相当かという点が改めて問題になったものである。

　そこで、令和４年改正では、通訳人の手続関与について、遠隔地要件を削除するとともに、原則はウェブ会議によるものとしながら、ウェブ会議によることにつき困難な事情がある場合に限って、電話会議によることも認めることとした（154条２項）。通訳人は、通訳を行う際、適切な通訳のためには、証人等の口元を確認したり、表情を見て通訳された質問を証人等が十分に理解しているかを確認したりするなど画像情報にも一定の価値があるため、原則としてウェブ会議による参加が望ましい面がある。ただ他方で、特に少数言語の通訳人等の確保は困難であることが多く、場合によっては一般人の協力を求める必要もあることから、電話会議によることでその確保を図る必要がある場合もある。そこで、ウェブ会議を原則としながら、ウェブ会議によることに困難な事情がある例外的な場合には、電話会議によることをも許容したものである。以上から、ここにいうウェブ会議の「方法によることにつき困難な事情があるとき」とは、通訳人の候補となりうる者の中にウェブ会議を利用できる者がいないが、電話会議であれば関与できる者がいるといった事情ということになろう。

4　事件記録等に関するIT化

　最後に、いわゆるe事件管理、すなわち訴訟事件記録の管理や閲覧等のデジタル化、オンライン化に関する改正点について紹介する[165)]。これらの改正事

項については、いずれも基本的に裁判所の事件管理システムの存在を前提にすることになるので、今回の改正の実現の最終段階（フェーズ3）として、2025年度（令和7年度）中に施行される予定である。

⑴　判決書等のデジタル化

まず、事件記録等をデジタル化する前提として、裁判所側で作成する文書は全面的に電子化されることになる[166]。

（i）　電子判決書等

判決は、電子判決書という形で作成され、言い渡される。従来の「判決書」に代えて、主文・理由等の「事項を記録した電磁的記録」の作成が求められ、これが「電子判決書」と呼ばれることになる（252条1項柱書）。現在でも実際には、裁判官は判決書をパソコン等により電子データの形で作成しているのが通常であろうが、正式にはそれを紙にプリントアウトして初めて判決書になる。これは訴訟記録が紙によって作成されることが前提であるためであったが、それは明らかに無駄な作業であるので、後述のように（⑵参照）、訴訟記録もデジタル化されることを前提に、デジタルで作成されたもの自体を正面から判決書として認めたものである。そして、この場合、電子判決書に記録された情報につき、作成主体を明示し、改変が行われていないことを確認できる措置を講じなければならない（中間試案第11の1⑴イ参照）。これは、現在の判決書への裁判官の署名・押印（規157条1項）に相当する措置であり、やはり最高裁判所規則において規定が設けられるものと考えられる。このような措置としては、いわゆる電子署名（電子署名法2条1項）が典型的なものとして想定されるが[167]、今後、技術の発展に伴い電子署名よりも簡便かつ適切な方法

---

165)　なお、訴訟に関する事項の証明については、選択的に、書面（証明書）の交付によることと、電磁的記録についてオンライン送付その他の方法によることが広く認められている（91条の3）。後者の方式については、技術の発展に適宜対応できるよう、具体的方法は最高裁判所規則に委任されている。

166)　以下のようなもののほか、電子呼出状（94条1項1号・2項）や電子送達報告書（100条2項）なども規定されている。また、専門委員の説明も電子化される（92条の2第2項）。

が出現する可能性もあるため、規則においてはより一般的な形で規定がされるものとみられる。

　また、判決の言渡しも電子判決書に基づき行われ（253条1項）、言い渡された電子判決書は裁判所のファイルに記録される（同条2項）。さらに言い渡された電子判決書は当事者に送達しなければならないが（255条1項）、その送達の方法については、紙にプリントアウトして送達するか[168]、システム送達をすることになる[169]（同条2項）。また、決定・命令については判決に関する規定が包括的に準用されているので（122条）、やはり電子決定書・電子命令書の形で作成されることになる。さらに、裁判所書記官の作成する支払督促も電子化され、電子支払督促とされる[170]（387条以下）。

(ii) 電子調書等

　次に、裁判所書記官が作成する調書もやはり電子調書という形で作成される[171]。電子調書については、口頭弁論調書について規定があり[172]（160条1項）、これが規則において他の期日に準用されることになるものとみられる。電子調書は一般に、「期日又は期日外における手続の方式、内容及び経過等の記録及

167）　さらに電子署名の有効期間に限りがあることから、タイムスタンプの措置をとることも考えられる。

168）　この場合は、裁判所書記官が当該プリントアウトされた書面の内容が電子判決書に記録されている事項と同一であることを証明する必要がある（255条2項1号参照）。現行法上の判決書の正本に相当するものである（ただ、民事執行法の令和5年改正においては、強制執行は必ずしもこの書面化された電子判決書に基づいてされることは想定されていない点に注意を要する。第3章1(3)(i)(f)参照）。

169）　前述のように、システム送達には当事者の同意が必要であるので、その同意がない場合には書面での送達が求められることになる（ただし、当事者に委任による訴訟代理人が付いている場合において訴訟代理人に送達するときは、常にシステム送達が可能となる（本章2(2)(ii)参照）。

170）　支払督促については、前述のように（第1章2(1)参照）、もともとオンラインによる処理が広く認められていたため、今回の改正では記録の電子化等の規律が追加されるなど若干の整備がされたに止まる。他方、いわゆるOCR方式による支払督促の申立の規律（402条）については、すでにその運用が停止されていたため、削除された。

171）　いわゆる調書判決についても、電子判決書に代えて、裁判所書記官に、「判決の言渡しをした口頭弁論期日の電子調書」に記録をさせることになる（254条2項）。

172）　やはり作成時にはファイルに記録されることになる（160条2項）。

び公証をするためにこの法律その他の法令の規定により裁判所書記官が作成する電磁的記録をいう」ものと定義される。調書についても、判決書同様、その下書きは現在も通常パソコン等で作成されているものと考えられるので、電子データをそのまま正式の電子調書とすることで特段の問題は生じないと解される。

　なお、今回の改正で、電子調書の更正に関する規律が明確化された。すなわち、電子判決書の更正に関する規律（257条）に倣って、口頭弁論に係る電子調書における計算違いや誤記等の明白な誤りについては、裁判所書記官が、[173]申立てによりまたは職権で、いつでも更正できる旨の規定が設けられた[174]（160条の2第1項）。これは、現在の実務の取扱いを基本的に追認した規律といえる。[175]ただし、和解または請求の放棄・認諾についての電子調書は、確定判決と同一の効力を有する（267条1項）というその重要性および法的安定性の確保の要請に鑑み、（裁判所書記官ではなく）裁判所が更正決定をするものとしている（267条の2第1項）。そして、更正決定および更正申立ての不適法却下決定に対しては、即時抗告が認められる（同条2項・3項）。また、併せて、判決の更正についても、更正申立てを不適法却下する決定に対する即時抗告の可能性を明記した[176]（257条3項）。

---

173)　当該電子調書を作成した裁判所書記官はもちろん、その者が転任等している場合には、後任の裁判所書記官も更正することができるものと解される。

174)　更正処分はファイルに記録され（160条の2第2項）、更正処分に対する不服申立てについては、訴訟費用額確定処分に対する不服申立ての規律（71条4項・5項・8項）が準用され、異議申立ておよび即時抗告が可能とされている（160条の2第3項）。なお、現行法上は、単に理由なしとして更正を認めない裁判については、即時抗告はできないものと解されている点に注意を要する（大決昭和13・11・19民集17巻2238頁）。

175)　最判昭和62・7・17集民151号559頁は、口頭弁論調書の更正につき、当該調書を作成した裁判所書記官が認証者である裁判長の認証の下に更正することを認めている。立案過程では、「裁判長の認証又は承認のもとに」という規定ぶりが提案されていたが（部会資料16の第8参照）、この点は（現在、調書の作成に裁判長の認印が必要とされる（規66条2項）のと同様に）規則に委ねられたものであろう。

176)　この点に関する従来の議論については、菊井維大＝村松俊夫原著『コンメンタール民事訴訟法Ⅴ〔第2版〕』（日本評論社、2022年）236頁参照。大審院判例および下級審裁判例は抗告を否定していたが、学説上は不適法却下決定については即時抗告を認める見解が有力とされていたところ、後者の有力説を条文化したものとみられる。

(2)　事件記録のデジタル化

(i)　当事者等提出書面の電子化

　以上のように、裁判所側が作成する文書はすべて電子化される。また、前述のように、当事者等も申立て等をオンラインによってすることができ、その場合には、当該申立て等は裁判所の事件管理システム上のファイルに電子的に記録されることになる（132条の10第1項）。旧法では、申立て等がオンラインでされても、訴訟記録にするに際しては、必ずそれを書面に出力してしなければならなかった（旧132条の10第5項）ところ、それはあまりにも煩瑣かつ非効率であるので、改正法は電子的に提出されたものはすべてそのまま訴訟記録になることとしたものである。

　ただ、いわゆるオンライン申立て等の義務化の範囲において乙案が採用されたことにより、本人訴訟等においては、書面による申立てがなお残ることになったし、訴訟代理人が申立て等をする場合でも例外的に書面申立てが許される場面は残っている（132条の11第3項参照）。さらには、民事訴訟では、申立て等以外で裁判所に書面が提出される場合も存在する[177]。そこで、訴訟記録を全面的にデジタル化するためには、このような形で裁判所に提出された書面も含めてすべて電子化することが必要になる。

　そこで、改正法はまず、当事者や訴訟代理人が書面等で提出した申立て等[178]について、裁判所書記官は、当該書面等に記載された事項をファイルに記録しなければならないものとしている[179]（132条の12第1項本文）。このファイルへの記録は、現在の技術を前提にすれば、書面等をスキャナーで読み込んで

---

[177]　前述のように、132条の10の「申立て等」の概念はかなり広く理解されているが、それには相当しないような文書が裁判所に提出される場合は少なからずある。たとえば、上申書等である。

[178]　「書面等」とは、「書面、書類、文書、謄本、抄本、正本、副本、複本その他文字、図形等人の知覚によって認識することができる情報が記載された紙その他の有体物」と定義されている（132条の10第1項括弧書参照）。

[179]　132条の11第1項のオンライン申立義務に違反して書面でされた申立て等については、この規律から除外されている（132条の12第1項本文括弧書）。そのような申立て等は不適式なものとして却下されることになるところ、その申立書は返戻されることになり、記録化はされないものと考えられよう。

PDF 化して保存することになるものと考えられるが、この PDF 化の作業を[180]
誰の負担ないし費用で行うのかについて、立案過程で問題とされた。中間試
案では、裁判所がその責任で書面を電子化するとしても、書面を提出した当
事者にその費用（書面電子化手数料）を負担させるべきではないかという議論
があった（中間試案第 1 の 3（注 2）参照）。ただ、この点は、オンライン申立てが
義務化されていない当事者に対してそのような費用を負担させることは、司
法の利用に関して新たな負担を課すものとして反対の意見も多く、結局、そ
のような手数料は採用されていない。ただ、直接電子化のための手数料とい
う形ではないが、後述のように（(4)(ii)参照）、オンライン申立てが可能な場合
において、オンラインによらずに申立てをするときは、オンライン申立てを
するときに比べて、申立手数料が割高になっている場合がある点には注意す
る必要がある。

　以上は当事者の申立て等についてであるが、裁判所に提出されるのは申立
て等には限らない。主としては書証がこれに該当する。そこで、申立て等以
外に、民事訴訟手続において民事訴訟法その他の法令の規定に基づき裁判所
に提出された書面に記載された事項または記録媒体に記録された事項につい
ても、同様に裁判所書記官はファイルに記録しなければならないものとされ
た（132 条の 13 第 1 項本文）。これによって、民事訴訟手続において裁判所に提
出される文書等はすべて電子化されることになり、訴訟記録の電子化の基礎
が整うことになる。

(ii)　電子化措置の例外

　以上のように、裁判所に提出された書面等はすべて電子化されることが原
則である。ただ、極めて限られた場面ではあるが、このような電子化措置の

---

180)　立案過程では、電子化に際して元の書面と異なる内容が記録された場合に、当事者の訂正申
　　出およびその申出期間に関する規律についても議論がされたが（中間試案第 1 の 3（注 1）参照）、
　　最終的には、このような規律は設けられなかった。それは、訂正の規律を設けるまでもなく、
　　電子データの誤りに気付いた当事者は、新たな準備書面を提出したり、すでに提出した準備書
　　面を再度提出したりするなどして、その内容を実質的に訂正できると解されるからである（部
　　会資料 29-2 の 5 頁以下参照）。

例外が認められている場合がある。[181)]

　第1に、「当該事項をファイルに記録することにつき困難な事情があるとき」である（132条の12第1項但書、132条の13第1項但書）。たとえば、大きな建築図面や土地の境界を表す図面といった現在の技術では通常のスキャナーで適切に読み込むことが困難であるものや、書籍が1冊丸ごと提出されるなどコンピュータへの読み込みに多大な手間がかかるもの、さらにファイル形式等の関係で裁判所のシステムにおいてはファイル化できないものなどが考えられよう。[182)]ただ、この例外の範囲については、コンピュータへの読み込みの技術の進展等により「困難な事情がある」かどうかが左右されることになり、技術の進展によって徐々にその範囲は縮小していくものと予想される。

　第2に、営業秘密に係る訴訟記録の閲覧制限制度との関係である。すなわち、当事者が保有する営業秘密が記載・記録された書面等につき閲覧等制限決定の申立てがされた場合で[183)]（92条1項2号）、当該営業秘密がその訴訟の追行の目的以外の目的で使用され、または開示されることにより、当該営業秘密に基づく当事者の事業活動に支障を生ずるおそれがあり、これを防止するため裁判所が特に必要があると認める場合には、当該営業秘密については電子化の必要はない[184)]（132条の12第1項1号、132条の13第1項1号）。これは、情報セキュリティの問題として、デジタル化されていると、ハッキングその他情報

---

181)　以下のような問題も含めて、令和4年改正法と情報セキュリティの問題全般については、櫻庭信之「改正民訴法にみる情報セキュリティの問題」ジュリ1577号（2022年）46頁以下、湯淺墾道「民事訴訟のIT化を実現するシステムとセキュリティ」重要論点107頁以下が詳しい。

182)　これは別途の記録媒体に記録されて提出されることになろう。

183)　ただ、閲覧等制限決定の申立てが却下されたり、いったんされた決定が取り消されたりした場合には、そのような秘密保護の必要はないことになるので、下記の例外は妥当せず（132条の12第1項1号括弧書、132条の13第1項1号括弧書）、その時点でファイルに記録されることになる。

184)　これは主に、刑事罰に裏打ちされた秘密保持命令（特許105条の4第1項）が発せられているケースを念頭に置いているものとみられる。

185)　そのため、オンライン申立て等がされた場合も、営業秘密の内容を書面に出力等するとともに、当該部分の電子データを消去する措置等を講じることができるものとされる（92条9項）。ただ、前掲注(183)の場合と同様、閲覧等制限決定の申立てが却下された場合や決定が取り消された場合には再度ファイルに記録される（同条10項）。

の漏洩のリスクが生じるおそれが高くなる可能性があるためとされる。[186]したがって、このような措置の妥当性もデジタル化のリスクに関する技術の変遷などに左右され、情報セキュリティ技術が高まれば、その必要性が小さくなる可能性はある。

第3に、住所・氏名等の秘匿制度との関係である。[187]すなわち、住所・氏名等の秘匿事項届出部分に記載された事項（132条の12第1項2号、132条の13第1項2号）、秘匿事項届出部分以外のものであって秘匿事項を推知することができる事項が記載された部分（秘匿事項記載部分）につき秘匿決定の申立てがあり、裁判所が必要があると認めるときや（132条の12第1項3号、132条の13第1項3号）、調査嘱託結果につき職権で閲覧等制限の決定がされ、裁判所が必要があると認めるときは（132条の13第1項4号）、やはりデジタル化の例外とすることができる。これは、前記営業秘密の場合と同様、情報セキュリティの問題として、デジタル化されていると、ハッキングその他情報の漏洩のリスクが生じるおそれが高くなる可能性があることによる。[188]

以上のように、例外的に電子化の措置がとられない部分については、その部分が紙の記録として残ることが想定されている。これが書面による記録、すなわち非電磁的訴訟記録（91条）である。[189]前述のように、このような記録がどの範囲で残るかは、記録のコンピュータへの読み込みの技術や情報セキュリティ技術の進展に依存しており、それらの技術が将来的に発展していけば、

---

186)　現在でも、特に秘密保持命令が発令されるなど保持する必要が大きい営業秘密が記載されている書面については、実務運用上、通常の訴訟記録とは分離して、秘密記載文書保管袋に封入した上で金庫に保管し、管理責任者が金庫の鍵および暗証番号を保有して保管するなど、極めて厳重な態様で保管しているケースがあるとされる。

187)　本制度一般については、後述6参照。

188)　オンライン申立て等がされた場合も、氏名・住所等の閲覧等制限決定の申立てがあった場合や職権による閲覧等制限決定がされた場合は、裁判所が必要と認めるときは、当該秘匿事項記載部分につき、その内容を書面に出力等するとともに、当該部分の電子データを消去する措置等を講じることができるとされるが（133条の2第5項、133条の3第2項）、閲覧等制限決定の申立てが却下された場合や決定が取り消された場合には再度ファイルに記録される（133条の2第6項、133条の3第2項）。

189)　法律上は、「訴訟記録中次条〈91条の2〉第1項に規定する電磁的訴訟記録を除いた部分」と定義されている（91条1項括弧書参照）。

徐々にその範囲は縮小し、最終的にはゼロになることが期待されよう（その意味では、過渡的な規律と評価できよう）。

(iii)　電磁的訴訟記録

　以上のような部分的な例外を除き、訴訟記録は全面的に電子化され、電磁的訴訟記録[190]として保存されることになる。上記のような規律はすべて、最終的に訴訟記録を全面的に電子化することを目的とした規律ということができる。

　それでは、訴訟記録の全面電子化には、どのような意味があるのであろうか。まず第 1 に、旧 132 条の 10 がそうであったように、せっかくインターネットを通して提出された電磁的記録を訴訟記録化するために一々プリントアウトして書面化することは全く不合理であり、意味のない事務である。とりわけ、オンライン申立ての義務化がされ、それ以外の当事者との関係でも実際には多くがオンライン申立てとなった際には、この矛盾はさらに顕著になる。他方、紙で提出される書面が残るとしても、それを紙のままで記録化するとすれば、同じ事件の記録の中に電磁的な部分と非電磁的な部分が混在することになり、事務的に混乱をもたらすことが容易に予想される。したがって、紙で提出されたものも含めて、すべての訴訟記録を電磁化することが最も合理的と判断されたものである。

　第 2 に、訴訟記録の電子化は様々な訴訟関係者に利便をもたらす。まず、当事者との関係では、電子化された訴訟記録に様々な場所からアクセスすることが可能になり、紙の記録を保存したり、持ち運んだりしなくても済むようになる。また、裁判所との関係では、訴訟記録の管理が容易になり、物理的なスペース（保管庫）が削減できるし、記録運搬の必要もなくなり、移送や上訴等によって係属裁判所が変わる場合もその運搬の時間や労力を節減することができる。さらに、手続進行の面でも便宜があり、たとえば、争点整理

---

190)　法律上、「訴訟記録中この法律その他の法令の規定により裁判所の使用に係る電子計算機（入出力装置を含む……）に備えられたファイル……記録された事項……に係る部分をいう」ものと定義されている（91 条の 2 第 1 項括弧書参照）。

の際に、当事者と裁判所が争点整理案を同時に見て議論しながらその場で修正を加えることなどが可能になり、迅速かつ効率的な手続運営が可能になるし、強制執行などの局面でも、当事者が書面（債務名義等）を提出しなくても、裁判所が自ら他の事件記録を容易に確認できるようになり、手続の合理化が図られる。

　以上のように、訴訟記録の電子化は、書面で提出された場合にそれを電子化する事務作業が生じるものの、それを上回る大きなメリットがあると考えられるため、電子化が困難なものや電子化によって情報漏洩等のリスクが大きいと考えられるものなどごく一部の例外を除いて、基本的に全面的に電子化することとされたものである[191]。

(3)　電磁的訴訟記録のオンライン閲覧等

(i)　当事者および利害関係人による閲覧等

　訴訟記録は現在、何人でもこれを閲覧することができ[192]（91条1項）、当事者および利害関係を疎明した第三者は謄写をすることもできる[193]（同条3項）。このような規律は電磁的訴訟記録についても基本的に妥当することとされ、非電磁的訴訟記録と同様、やはりすべての人が閲覧できる（91条の2第1項）。ただ、問題となるのは閲覧の態様である。この点は、法律では単に「最高裁判所規則で定めるところにより」とのみ規定され、全面的に規則の規律に委ねられている。

　そして、上記の規則は未だ制定されていないものの、部会審議においては、基本的に下記のような規律内容とすることで一致があった。すなわち、まず当事者および利害関係人は、裁判所において裁判所設置端末から電磁的訴訟記録の閲覧を請求できることは当然であるが[194]、それに加えて、裁判所外設置

191)　後述のように、このような民事訴訟における考え方は、基本的にそれ以外の民事裁判手続についてもほぼ同様に採用されている（ただ、家事事件手続の一部では、電子化のメリットが特に小さい事件類型も観念できるため、一定の例外が設けられている。第3章1(2)(ii)参照）。
192)　ただし、公開が禁止された口頭弁論に係る訴訟記録の閲覧については、当事者および利害関係人に対象が限られている（91条2項前段）。
193)　訴訟記録中の録音テープやビデオテープについては、複製の対象となる（91条4項）。

端末からインターネット経由でオンラインによる閲覧を請求することも可能とされる[195]（要綱第10の1（注）の(2)参照）。これによって、当事者および利害関係人は事件管理システムに登録しさえすれば、事件記録を確認するためにわざわざ裁判所まで出向く必要がなくなり、自宅や事務所等から自己の事件あるいは利害関係のある事件の状況をいつでも把握可能になる。さらに、当事者は、事件係属中いつでも裁判所外設置端末を用いて閲覧することも可能とされる[196]（要綱第10の1（注）の(3)参照）。これにより、当事者については、一々裁判所書記官等に請求をしなくても、自由にいつでも（夜間・休日等裁判所の業務時間外であっても）自己の事件記録にアクセスが可能となり、極めて便利になる。また、やはり自宅などの裁判所外設置端末からの電磁的訴訟記録のダウンロード（複写）[197]も可能とされるし（91条の2第2項）、電磁的訴訟記録との同一性に係る裁判所書記官の証明[198]の交付もやはりオンライン経由で可能とされる[199]（同条3項）。

---

194) この場合、現在のように、事件係属中の裁判所に赴く必要はなく、任意の裁判所の設置端末で閲覧できるようになるものと解される。なお、裁判所設置端末の利用について、裁判所外設置端末からインターネット経由でアクセスする者の費用負担との均衡を図るため、対価（端末利用手数料）を徴収すべきではないかとの議論が立案段階でされたが（中間試案第12の1（注4）参照）、従前よりも司法サービスを受ける対価が増加することには国民感情として理解が得られないなどの意見もあり、特段の対処はされていない（民訴費用別表第3第1項参照）。

195) なお、立案過程では、このような裁判所外設置端末からの閲覧等については、訴訟の完結した日から一定の期間が経過したときにはできない旨の規律が提案されていた（中間試案第12の2(4)後段参照）。これは、情報セキュリティやサーバーの容量の制約等を理由とするものであったが、法律のレベルでは採用されていない（ただし、後述の当事者の「いつでも閲覧」は事件係属中に限定されるものとされている）。

196) このいわゆる「いつでも閲覧」は手続追行の便宜のためのものであるので、事件係属中に限られ、訴訟の完結後は、利害関係ある第三者と同様に、裁判所書記官に対する請求が必要となる。

197) これは非電磁的訴訟記録に係る謄写（91条3項参照）に相当するものである。なお、裁判所において電磁的訴訟記録を複写（ダウンロード）する場合には、裁判所書記官は、請求者が対象データのデジタルコピーを入手することが可能となる措置を講ずることになるとみられるが、その具体的な態様は最高裁判所規則の定め（および運用）に委ねられている。

198) これは非電磁的訴訟記録に係る正本（91条3項参照）に相当するものである。

199) その他、裁判所書記官からの訴訟事件関係の証明の交付等の請求もオンラインで可能となる（91条の3）。

　以上のような規律は、当事者と同等の地位にある者、たとえば補助参加人にも原則としては妥当する。ただ、補助参加人は、補助参加の申出とともに訴訟行為をすることができるところ（43条2項）、補助参加の申出をした時から、当事者と同様に訴訟記録の閲覧等もできるようになると解されている。しかし、補助参加の許否が確定しないうちに訴訟記録の閲覧等を認めると、そもそも全く参加の利益がなく、およそ補助参加ができないはずの者についても、その許否が確定するまでの間は当事者並の閲覧等が可能な状態になり、閲覧権等が濫用されてしまうおそれがある。他方で、このような者は、正当な利益があれば、補助参加の申出前から、第三者としての記録の閲覧等は可能なはずであり、それが認められるのであれば、その者の訴訟追行権の保障の観点からは十分ともいえる。そこで、改正法では、補助参加人の訴訟記録の閲覧等について特則を設け、訴訟記録の閲覧等については、補助参加することができる旨が確定した者のみを当事者とみなすこととした（45条5項）。この結果、補助参加の申出人は、訴訟記録の閲覧等については、第三者（利害関係を疎明した場合には利害関係人）として扱われるに止まる。

200）　この点、当事者参加（独立当事者参加、共同訴訟参加）の場合は、当然に当事者と同等の扱いとされるし、共同訴訟的補助参加の場合も、後述の補助参加人のような制限は受けず、当事者並びで扱われるものと解されよう（部会資料18の31頁参照）。

201）　閲覧等制限決定の申立てや決定がある部分については、補助参加申出人が当事者に準じた閲覧等ができるかどうかが問題となるが、重大な秘密等の開示による不利益を防止するという同制度の趣旨に鑑みれば、補助参加の許否が確定していない者の閲覧が制限されてもやむを得ないと解されたものである（その場合、後に補助参加が認められたが、当該閲覧等制限によってその間必要な訴訟行為ができなかったとすれば、参加的効力は発生しない（46条1号参照）ものと解されるであろう）。

202）　同様の問題は非電磁的訴訟記録でも生じるので、この規律の対象は電磁的訴訟記録か非電磁的訴訟記録かを問わない。

203）　条文上は「当事者が前条〈44条〉第1項の異議を述べた場合において補助参加を許す裁判が確定したもの及び当事者が同条〈44条〉第2項の規定により異議を述べることができなくなったものに限る」とされている（45条5項柱書括弧書参照）。

204）　立案過程では、訴訟告知を受けて補助参加の申出をした者については、当然に参加的効力が生じること（53条4項）から、訴訟追行権の保障の必要性が相対的に高く、補助参加の許否の確定前であっても当事者とみなす旨の提案もあったが、採用されていない。たとえこのような者であっても、当然に補助参加の利益があるとは限らず、一般の補助参加申出人と別異に扱うことは相当でないと解されたものであろう。

(ⅱ)　利害関係のない第三者による閲覧等

　他方、利害関係のない第三者に関してもオンラインによる閲覧等を認める
かどうかについては、立案過程で多くの議論があった。一方では、そのよう
な第三者についても、利便性の観点や相手方の過去の訴訟戦略や傾向を分析
するなど訴訟記録の活用のニーズはあることから、インターネット閲覧を許
容すべきである旨の意見も有力にあり、そのような観点からは事件記録の中
身を限定してアクセスを可能にする旨の提案がされていた（中間試案第12の2
(3)の甲案）。しかし、他方では、訴訟記録はプライバシーや個人情報の塊であ
り、また契約の交渉過程や社内でのやりとりなど一般には知られたくない情
報も多く含まれうることから、オンライン経由で日本全国から誰でも簡単に
訴訟記録の閲覧がされるとすると、かえって訴訟提起や訴訟における防御を
ためらう者も多くなるという批判もあり、利害関係のない第三者にはオンラ
イン閲覧を否定する見解が示されていた（上記の乙案）。そして、このような
危惧を解消するためには、訴訟係属中に個人情報についての仮名処理等をす
る必要が生じ、それを当事者がするにしても裁判所書記官等がするにしても、
その負担は大きいと考えられた。

　結局、利害関係のない第三者については、オンラインによる閲覧は認めら
れず（上記乙案が採用され）、そのような者は従来どおり裁判所に赴いて、裁判
所に設置された端末から電磁的訴訟記録を閲覧する必要があるものとされた。
ただ、この問題については、立案過程でも紹介されたが、電子判決書につい

---

205)　そこでは、オンラインによる閲覧の対象を訴状、準備書面、調書、裁判書に限定することで、
　　　特に懸念の大きかった書証（実印の印影やクレジットカードのセキュリティコード等が書証に
　　　表れていることもあるといった指摘があった）は対象外とされていた。

206)　近時の破産事件の公告に関する事案（いわゆる破産者マップ事件）などから、他人の訴訟記
　　　録を収集して面白半分にウェブサイトやSNS等に転載する者が出現するのではないかといっ
　　　た危惧も表明された。

207)　また、情報の不正利用を防止する方策については、決定的な措置を見出すことは難しいとい
　　　うことも共通の認識としてあったと思われる。

208)　この点も、法律上は、91条の2第1項の「最高裁判所規則で定める方法により表示した」と
　　　されるに止まり、規則においてその詳細が規定される予定であるが、利害関係のない第三者は
　　　裁判所設置端末でのみ閲覧できる旨の規律が想定されている。

ては、オンラインでその提供を受けるニーズが特に高いということから、民事判決情報のオープンデータ化については、民事訴訟法の改正とは別に検討が進められることが前提とされている。上記甲案を支持する論者も、電子判決書が全件オンラインで公表されるようになれば、そのニーズの相当部分はカバーできることになると考えたものとみられる。[209] その結果、この問題については、後述のとおり（第3章3(2)参照）、当事者等の記載について一定の仮名処理を前提にしながら、民事訴訟の IT 化のフェーズ3と同じ時期に判決情報のオープンデータ化を実現する方向で、現在検討作業が進められている。

(iii)　閲覧等制限決定に伴う当事者の義務

　オンラインによって当事者の事件記録の閲覧やダウンロードが可能になることは、一方で当事者の便宜を高めることは確かであるが、他方では訴訟関係情報の拡散をもたらすおそれがあることも否定できない。上記のように、利害関係のない第三者のオンライン閲覧を認めないとしても、当事者から電子的にその情報が拡散するとすれば、上記のような危惧（(ii)参照）はなお残ることになる。そこで、立案過程では、少なくとも閲覧等制限決定（92条）があった場合は、当事者は、その訴訟において取得した秘密を、正当な理由なく、当該訴訟の追行の目的以外の目的のために利用したり開示したりすることはできない旨の規律が提案されていた（中間試案第12の4参照）。

　これは、そのような目的外利用・開示を禁止する公法上の義務を定立する旨の提案であったが、それに反した場合の制裁までは設けないという趣旨であった。[210] そのような制裁まで設けるとすれば、義務の要件を厳格に規律する必要があるところ、それは相当に困難であるからである。他方で、制裁なしにこのような義務だけを規定してもあまり意味があるとは考えられず、その

209)　たとえば、上記の訴訟相手方の行動パターンの分析なども、判決情報データベースから相手方に関する類似事案の判決を検索し、さらに深く検討する必要がある事案については、最寄りの裁判所に赴いて裁判所設置端末で事件記録を詳細に閲覧・検討することなどが可能となろう。
210)　そのような公法上の義務に違反した場合、刑事罰がないことはもちろん、民法709条の不法行為が成立するかどうかも解釈に委ねる趣旨とされていた。

ほか、不服申立権の付与[211]など検討すべき課題もなお多く、結局、そのような
規律の要否も含めて、立法後の状況を見守る[212]こととされた。ただ、それと関
連して示されていた「犯罪やDVの被害者の住所等が記載された部分につい
ては相手方当事者であっても閲覧等をすることができないようにする規律を
設ける」という点（中間試案第12の4（注2）参照）については、後述の秘匿決定
制度（6参照）によって実現したものであり、ここで示された問題意識に関し
て一定の対応がされたことにはなろう[213]。

(iv) 訴訟上の和解に係る記録の閲覧等

また、訴訟上の和解については、いわゆる口外禁止条項が付された和解条
項において典型的であるように、和解調書上の記載が第三者に閲覧されない
ことにつき当事者が合理的な期待を有しており[214]、それを一般の閲覧に供する
と、和解の締結自体が困難になるおそれがある場合があるとされる。そこで、
中間試案では、「和解を記載した調書（例えば、その全部又はそのうちいわゆる
口外禁止条項を定めたもの）」については、一般の閲覧を禁止する旨の考え方
があることが示された（中間試案第12の1（注3）参照）。

この点については、最終的には、電磁的訴訟記録・非電磁的訴訟記録の区
別なく、和解に関する部分の訴訟記録の閲覧を当事者および利害関係ある第
三者に限定すること（利害関係のない第三者には閲覧を許さないこと）とされた[215]

---

211) 不服申立権に関する議論については、部会資料18の27頁以下参照。

212) 現行法上も、解釈論として、そのような当事者の義務を観念する見解が一般的であるとみら
れる。菊井＝村松原著・前掲注(10)258頁以下など参照。

213) また、閲覧等制限決定の申立時における秘密記載部分のマスキング処理（中間試案第12の4
（注1）参照）についても、最高裁判所規則において一定の対応がされるのではないかと予想さ
れる。

214) 裁判所外のADR（仲裁や民間調停等）においては、仲裁判断や調停和解の内容について、
ADR機関関係者に守秘義務が認められることが一般的である（ADR法6条11号など参照）。

215) 和解条項案の書面による受諾の場合（264条）の和解条項案に係る部分、裁判所が定める和解
条項の場合（265条）の和解条項の定めに係る部分についても同様の規律がされた。他方、訴訟
上の和解が口頭弁論期日において成立した場合（つまり口頭弁論調書に和解が記載されている
場合）には、口頭弁論の公開性に鑑み、同旨の規律は妥当しないものとされている。

（91 条 2 項後段・91 条の 2 第 4 項）。上記のように、口外禁止条項を定めた和解に対象を限ることも検討された[216]が、和解がされる場面は様々であり、そのような条項がないとしても、当事者の和解に関する秘密に対する合理的期待が形成されている場合もありえ、そのような期待の合理性は（広義の ADR として）和解が当事者の合意に基礎を置く制度である点に見出すこともできると思われるため、広く和解に係る訴訟記録の部分につき閲覧制限が認められたものである[217]。ただ、このような規律は、和解が履行されずに強制執行がされた場合の債務名義としての和解調書について、執行手続の利害関係人が閲覧等を求めること（民執 17 条参照）を妨げるものではないと解されよう[218]。

（4）　訴訟費用の電子納付等

（i）　提訴手数料等の電子納付への一本化

最後に、民事訴訟の IT 化に伴い、訴訟費用についても重要な改正が加えられている[219]。まず、提訴手数料その他の手数料および手数料以外の費用の納付方法について、原則として電子納付に一本化することとされた。現在は、

---

216)　このほか、第三者の閲覧等を認めない旨が和解調書に記載されているものを閲覧禁止の対象にするような規律も検討されたが（部会資料 18 の 32 頁以下）、訴訟記録の公開の当否を直接当事者の自由な処分権に委ねるような規律は相当でないと解された。

217)　ただし、このような閲覧制限の対象は最終的に成立した和解の場合に限られ、それに至る和解の期日等につき調書が作成されていた場合に、その調書には及ばない。ただ、現在の実務では、和解期日について、当事者間のやりとり等が詳細に記録化されることは少ないものとみられ、その点が一般公開されることの弊害は通常小さいものといえようか。

218)　この点は、和解に関する訴訟記録が他の民事手続の事件記録を構成することとなった場合も同様であり、それぞれの手続における記録閲覧等に関する規律により決せられることになろう。

219)　立案過程では、以下に述べるもののほか、IT 化に伴う訴訟費用の範囲の整理等についても検討がされた（中間試案第 16 の 4 参照）。具体的には、期日出頭の旅費、日当および宿泊費（民訴費 2 条 4 号・5 号）、申立書等書類の作成・提出の費用（同条 6 号）について訴訟費用とはしない旨の提案が検討された。これはウェブ会議による期日のために当事者の出頭が必然的でなくなること、オンライン提出の結果、書類提出費用が極めて僅少になること（その結果、ウェブ会議によって参加する当事者やオンライン提出をする当事者との間に公平上問題が生じること）等に基づくものであったが、ウェブ会議においても現実に出頭する当事者の自由はあり、書類の作成にはなお費用がかかることなどから、結局、現行の規律を維持することとされたものである（部会資料 21 の 2 頁以下参照）。

申立て等の手数料（民訴費3条・7条）については、原則として申立書等に収入印紙を貼付して納付するものとされている[220]（民訴費旧8条本文）。また、手数料以外の費用（証拠調べ費用、送達費用等）（民訴費11条）については、その概算額を予納させるものとされるが[221]（民訴費12条1項）、電子的な方法による納付はあまり利用されていなかったとされる。

　しかし、申立て等が書面ではなく、オンラインでされることになれば、そもそも印紙を貼るということ自体ができなくなる。そこで、申立て等のオンライン化に合わせて、手数料についても電子納付によることが当事者の便宜に資するものと考えられる。そして、その場合には、すでに公共料金等の納付にも活用されている Pay-easy（ペイジー）を利用することが想定される[222]。他方、書面申立て等がされる場合には、引き続き印紙による納付を認めることも考えられないではないが、ペイジーによる電子納付は手数料が不要であり、銀行等の ATM においても納付が可能な便利な手段であり、印紙の購入や管理の負担を考えれば、当事者にとっても裁判所にとっても、印紙の利用は合理的なものとは言い難い。そこで、書面申立て等の場合も含めて、手数料等の納付については電子納付に一本化することとしたものである。なお、立案過程では、ペイジーに加え、利用者のさらなる利便性の観点から、クレジットカード等の決済方法の利用も検討されたが、システム構築の問題やカード手数料の負担等において困難な点があり、当面、ペイジーの運用状況を踏まえた将来の課題に止められた。

　以上のような検討に基づき、規定上は、手数料等の納付は、オンライン申立てであるか書面申立てであるかにかかわらず、原則として現金によることとされた[223]（民訴費8条1項本文）。ただ、例外的に書面申立てが認められる場合

---

220)　例外的に、最高裁判所規則が定める場合には現金納付が可能とされていたが（民訴費旧8条但書）、それは納付する手数料額が100万円を超える場合に限られていた（民訴費規4条の2第1項）。

221)　郵便費用については、郵券をもって予納させることが一般的であったが、これについては、後述(ii)参照。

222)　現在も、督促手続オンラインシステム（397条以下）を用いる場合には、手数料の納付方法はペイジーに一本化されているようである。

であって、やむを得ない事由があるときに限って、収入印紙によることも可能としている（同項但書）。「やむを得ない事由」とは、法制的に極めて例外的な事由を指す文言であり、ペイジーにどうしてもアクセスできないような事由がある場合、たとえば、離島等であってATM等が身近に全くない場合や申立人が刑務所等に収容されているような場合に限られよう。また、費用の予納が求められる場合も、やはり現金によるものとされる（民訴費12条2項）。

(ii) 郵便費用の手数料への一本化

　従来は、郵便費用については、郵券（郵便切手）で予納されていた（民訴費13条）。しかし、郵券の取扱いについては、裁判所側でも郵券の出納やそれ自体の管理が面倒であり（民訴費29条参照）、当事者側でも、足りなくなった場合の追納の負担や余った場合に返還されても困るというような批判があった。この点の問題は、郵券の予納を現金に変えれば一定程度は解消するが、なお精算の負担は残る[224]。そこで、このような問題点を抜本的に解決するために、郵便費用を手数料に組み込んで一本化する新たな制度を創設して、郵便費用の予納制度自体を廃止することが考えられるとされた[225]。確かにこのような制度は、郵便費用が多くかかる事件の当事者を優遇する（逆に郵送が少ない当事者の負担を増大させる）効果を持ちうるが、そもそも手数料自体必ずしも裁判所の審理負担等に厳密に比例するものとはなっていない点を考えれば、このよ

223)　なお、法律上は現金とされているが、最高裁判所規則において上記のような電子納付の方法が規定されるものと考えられる。

224)　少額でかつ出入りの激しい郵便費用のため不足する都度現金を追納することは極めて煩雑である上、追納されない間は訴訟行為が行えなくなり、訴訟遅延が発生する等の問題点が指摘されていた。

225)　このような郵便費用の手数料一元化の試みは過去にも議論されていた。現行民事訴訟法制定時の改正要綱試案において「書類の送達及び期日の呼出しに必要な費用を被告の数等に応じて定額とし、申立ての手数料に組み入れるものとするかどうか」が検討事項とされていた。また、その後の民訴費用制度等研究会の報告書でも、この点が検討対象とされたが、一律の手数料組入れは、事件ごとに送達費用等は一律でないことを考えると、利用者間に不公平を招くなどの問題点が多々指摘され、「結論として、提訴手数料への組入れについては、直ちに採用することは困難である」とされていた（ジュリ1112号（1997年）64頁参照）。

うな状況は当事者の不公平をもたらすとまで考える必要はなかろう。加えて、今回の改正でシステム送達制度が導入され、委任による訴訟代理人等にはその利用が強制されるため、郵便による送達自体が大幅に減少することが予想されるとすれば、郵便費用のみを独立の費用類型として捉える必然性はなく、それを手数料に一元化して裁判制度の利用費用の一部として再構成することは不当なことではないと解される。

　以上のような考慮に基づき、令和4年改正では、郵券予納の制度は廃止され、その分を概算額として手数料に組み込むことで、郵券の管理や返還、追納等の手間を省いたものである。すなわち、オンラインによって行うことができるとされている申立て[226]に係る手続については、送達等の郵便費用の納付義務は生じず（民訴費11条1項但書）、その分も組み込んだ形で提訴手数料が定められることとされた（民訴費3条2項別表第2参照）。

　さらに、オンライン申立てが可能な場合（特定申立ての場合）、実際にオンライン申立てがされるときと書面申立てがされるときとで、手数料に差が設けられている（民訴費3条2項別表第2第1項ロなど参照）。これは、現行制度の下での郵便利用の実情、システム送達の導入に伴う郵便利用の変化の見通し、インターネットを用いた申立て等の促進の観点等を総合的に考慮したものとされる。具体的には、たとえば、いずれも被告等が1人の場合、訴えの提起については書面申立てが2500円に対しオンライン申立ては1400円（別表第2第1項ロ）、控訴の提起については書面申立てが1900円に対しオンライン申立ては800円（同2項ロ）、上告の提起については書面申立てが2700円に対しオンライン申立ては1100円（同3項ロ）、再審の訴えの提起については書面申立てが3200円に対しオンライン申立ては2100円（簡裁判決に対する場合。同8項）または書面申立てが5200円に対しオンライン申立ては4100円（簡裁以外の判決に対する場合。同9項）、即決和解については書面申立てが2700円に対しオンライン申立ては2400円（同10項）、支払督促については書面申立てが2700円に対しオンライン申立ては2500円（同11項ロ）などとされている。[227]

---

226)　民訴費用法上は「特定申立て」という用語が用いられている（民訴費3条2項参照）。

(iii)　過納手数料の還付等の書記官権限化

　従来は、過納手数料の還付等（民訴費旧9条1項・3項）や証人等の旅費、日当および宿泊料の支給（民訴費旧21条2項、22条2項、23条2項、24条）については、裁判所の権限によるものとされていた。しかるに、これらについては、実務運用上、裁判所書記官が裁判官の補助事務として具体的な計算を行い、裁判所はその計算結果を追認しているのが実情であったとされる。

　そこで、そのような現状を尊重し、裁判官と裁判所書記官の職務分担を合理化する観点から、改正法はこれらの事務を裁判所書記官の権限とした。[228]その結果、上記規定の主語はいずれも裁判所書記官に変更されている（民訴費9条1項・2項、21条2項、22条2項、23条2項、24条参照）。なお、このような裁判所書記官の還付等に係る処分については、裁判所に対して異議を申し立てることができる（民訴費9条6項）。

(iv)　訴訟費用額確定処分等の申立期間の制限

　従来は、訴訟費用の額を定める申立て（71条1項）、当事者が訴訟上の和解をした場合の和解費用および訴訟費用額の確定を求める申立て（72条）、訴訟が裁判および和解によらずに完結した場合の訴訟費用の額の確定を求める申立て（73条1項）に関し、その申立期間について特段の制限は設けられていなかった。しかし、そのような申立てを期間無制限に（極端なことをいえば、訴訟等が終了して数十年経過後に）できるとすることは相当でないものと思われ、その期間制限を設ける提案がされた（中間試案第16の4（注）参照）。

　すなわち、訴訟費用額確定処分等については、申立期限を定めることとされたが、訴訟費用等の償還請求権も金銭債権の一種と考えられることから、金銭債権に係る消滅時効期間を参考にして、訴訟費用の負担の裁判等の確定

---

227)　このような具体的金額を定めるにあたっては、現状、それぞれの手続に関し、どの程度送達費用が生じているかを実証的に分析した調査が基礎とされたようである。

228)　手数料が過納かどうかを判断するためには法定の手数料額（つまり訴額）の判断が前提となるところ、提訴手数料の納付命令の処分を書記官権限化したこと（137条の2。本章2(1)(iii)(b)参照）とパラレルな関係にある。

から10年以内という期間制限[229]が課されたものである（71条2項・72条・73条2項[230]）。なお、この期間の経過後に申立てがされた場合には、それは不適法な申立てとして、裁判所書記官は却下する処分をすることになるものと解される[231]。

5　IT を活用した新たな訴訟手続――法定審理期間訴訟手続

(1)　新たな訴訟手続の意義

　現行法においては、審理期間を法定するような訴訟手続はなく、当事者にとって裁判所の判決がされるまでの期間を予測して、訴訟手続を利用することは困難である。しかるに、このような審理期間の予測不能は（審理期間が長期にわたることと並んで）訴訟手続の利用を当事者が躊躇する大きな原因になっているとみられる。たとえば、2016年の民事訴訟の利用者調査によれば、裁判の開始に躊躇を覚えた当事者は全体の49.4%とほぼ半数を占めるが、その理由として、「裁判は、時間がかかると思ったから」と答えた者が78.4%に及ぶ[232]。また、裁判期間の予測について、「全く予測がつかなかった」とした回答者が56.4%を占めている[233]。この調査の対象者がそのような躊躇を乗り越えて最終的には提訴や応訴に踏み切った当事者であることを考えれば、審理期

---

229)　パブリックコメントでは、債権の消滅時効期間（民166条1項1号）に合わせて、権利行使ができることを知った時から5年とする意見もあったが、この場合は、訴訟費用の償還請求権自体は確定している（その額のみが未確定である）ことに鑑みれば、むしろ債権の長期の時効期間が10年とされていること（同項2号）や、判決が確定した権利の時効期間が10年とされていること（民169条1項）を参考にして、10年の期間とすることが相当とされたものである。また、この期間の性質は、時効期間ではなく、手続上の期間であり、法定期間かつ不変期間と解されている（以上につき、部会資料22の20頁参照）。

230)　訴訟が裁判および和解によらないで完結した場合については、その起算点は、訴訟が完結した時点と読み替えられている（73条2項後段参照）。また、裁判上の和解の場合には、費用の負担を定めた日が起算点になるものと解される（脇村信治ほか「『民事訴訟法等の一部を改正する法律』の解説（5・完）」NBL1232号（2022年）26頁参照）。

231)　脇村ほか・前掲注(230)26頁参照。

232)　それ以外の躊躇理由としては、費用を挙げる者が75.3%、大変さを挙げる者が59.4%、知識不足を挙げる者が55.6%などとなっている。

233)　民事訴訟制度研究会編・第1章注(1)86頁以下・100頁以下参照。

間の予測困難や負担の結果、訴訟による紛争解決をそもそも断念してしまっ
た当事者は相当数に上るのではないかと推測される。その意味で、審理期間
について一定の予測を可能にするような訴訟手続を制度として用意すること
は、そのような当事者にとっても訴訟利用の可能性を付与することになりえ
よう[234]。

　また、今回の改正で民事訴訟の全面 IT 化が図られることになるが、言う
までもなく、IT 化はそれ自体が目的ではない[235]。IT 化は、あくまでも訴訟を
利用しやすくするための 1 つの手段にすぎない。その意味では、IT 化を活用
して、いかに法曹の仕事の仕方を変え、裁判を利用しやすくし、また効率化
するかが重要である。世の中で DX（デジタル・トランスフォーメーション）と
呼ばれるのは、まさにそのような発想方法を指すものであろう。その点で、
IT を駆使しながら、審理期間を予測可能で、かつ迅速なものとしていくこと
によって、訴訟手続が利用しやすいものになるようにすることは、まさに IT
化の主眼ともいうことができよう[236]。

　今回の改正においても、そのような発想の 1 つの表れとして、法定審理期
間訴訟手続という新たな制度が創設された。この制度は、両当事者の合意に
よって、最初の期日から 5 か月以内に争点整理を終え、6 か月以内に弁論を
終結し、7 か月以内に判決言渡しをするといった形で、審理期間を予め法定
しておく手続である。そのため、攻撃防御方法の提出期間や証拠調べ期間も
法定し、判決における判断事項も当事者が合意するものとされる。このよう
な形で、審理期間および判決時期についての当事者の予測可能性を確保し、
迅速な判断を期待できるものとし、ひいては訴訟の利用を促進しようとする
趣旨の制度ということができる[237]。

---

234)　また、経済界などからも、審理期間や判決時期の予測可能性を高める手段を講じる必要性が
　　指摘されたという。脇村信治ほか「『民事訴訟法等の一部を改正する法律』の解説(3)」NBL1228
　　号（2022 年）8 頁参照。

235)　法務大臣から法制審議会への諮問事項についても、前述のように（第 1 章 3(3)参照）、国民に
　　とって利用しやすい民事訴訟を目指す観点が究極的な目的とされている。

236)　立案段階で抜本的な IT 裁判手続の可能性を示唆されていたものとして、山本和彦ほか「民
　　事裁判の IT 化─立法化の論点」重要論点 189 頁以下［町村泰貴］参照。

(2) 立案過程の議論

　この制度については、立案過程で様々な議論がされた。[238] 一般論として、審理期間につき当事者の予測可能性を高めるとともに、迅速適正な裁判を実現すること自体には異論はなかったが、そのために、審理期間の法定や審理計画の強化など何らかの新たな訴訟手続が必要であるとする意見がある一方、他方では、それにより当事者の手続権を害するおそれや期間ありきの拙速な裁判に対する懸念などから、新たな手続を設ける必要はないとする意見もあった。その結果、中間試案の段階では、原告の申立てと被告の異議がないことを要件として、6月以内の審理終結、証拠方法の制限、不服申立ての特則等を定める特別訴訟モデル（甲案）、両当事者の共同の申立てを要件として、6月以内の審理終結を前提とする審理計画のモデルを法定する審理計画モデル（乙案）とともに、新たな訴訟手続に関する規律を設けないとする案（丙案）が並列的に提示されていた（中間試案第6「新たな訴訟手続」参照）。[239]

　パブリックコメント後の部会審議においては、上記のような必要性を述べる意見やそれを支持するパブコメ結果もあったため、何らかの新たな手続を設ける方向で具体案の検討が進められた。その際、判決までの審理期間の予測可能性を高めるという目的からは最も適合的な甲案を基本としながら、早期に審理を終えるためには当事者が早期に主張や証拠を提出するなど訴訟活動を迅速かつ集中的に行う必要があることから、当事者の積極的なコミットが必要であり、その点からは当事者双方がこのような手続での審理・判断を求めること、つまり当事者の共同申立てを要することとするのが相当とされた。そのような基本的な考え方の下、部会において微調整を繰り返して、最終的に成案となったのがこの法定審理期間訴訟手続の制度である。

---

237) この手続に対して、元裁判官の立場から強い期待を示されるものとして、定塚誠「法定審理期間訴訟手続」ジュリ1577号（2022年）52頁以下参照。また、研究者の立場から、「交渉では紛争が解決しなかったので裁判所から迅速に判断を得たいとする企業や市民のニーズに応ずるものであり、訴訟活用へのインセンティブとなり得る」と評価されるのは、笠井正俊「法定審理期間訴訟手続」ひろば75巻9号（2022年）46頁注7参照。

238) 部会審議の状況や手続の呼称の変遷等につき、笠井・前掲注(237)46頁注1参照。

239) 中間試案段階の議論に関しては、笠井正俊「特別訴訟手続」重要論点59頁以下など参照。

(3)　手続の要件

　まず、法定審理期間訴訟手続の対象となる事件類型として、消費者契約関係訴訟や個別労働関係訴訟については、この手続は利用できないものとされている（381 条の 2 第 1 項）。審理期間を法定することは、証拠が偏在しており、かつ、十分な訴訟対応能力のない弱い当事者にとっては、十分な訴訟準備ができないままに敗訴してしまうおそれが否定できず、経済力・情報力等において強い立場にある当事者にとって有利になるおそれがあるので、当事者間の力に定型的な格差があるような事件、すなわち、個人・事業者間の消費者契約に関する訴えや、労働者・事業者間の個別労働関係民事紛争[240]に関する訴えは、定型的に制度の対象から除外したものである[242]。なお、立案過程では、これらに類する場合として、契約関係にはない個人・事業者間訴訟（たとえば個人が原告となる製造物責任訴訟等）や、大企業と小規模事業者との間の訴訟なども適用対象から除外すべき旨の意見もあったが、これらを明確に区分することは難しく、またこの制度の利用にニーズがある事案もありうることから、以下に述べる一般的な除外規定の問題として、個別の裁判所の判断に委ねることとされた。

　次に、個別の事案において、裁判所が「事案の性質、訴訟追行による当事者の負担の程度その他の事情に鑑み」、この手続により審理裁判することが「当事者間の衡平を害し、又は適正な審理の実現を妨げると認めるとき」にも、法定審理期間訴訟手続によることはできない（381 条の 2 第 2 項）。上記のように、定型的に除外できるような訴訟類型以外であっても、上記除外の実質的な理由（証拠の偏在、当事者間の力の格差等）が認められる事件はありえ、その

240）「消費者契約」の定義については、3 条の 4 第 1 項参照。ここでの「個人」からは、事業としてまたは事業のために契約の当事者となる場合における個人は除かれるし、「事業者」とは、法人その他の社団または財団および事業としてまたは事業のために契約の当事者となる場合における個人をいう。

241）「個別労働関係民事紛争」の定義については、3 条の 4 第 2 項参照。具体的には「労働契約の存否その他の労働関係に関する事項について個々の労働者と事業主との間に生じた民事に関する紛争」をいう。

242）個別労働関係民事紛争については、労働審判制度が別に存在することも除外の理由と解されるのは、笠井・前掲注(237)44 頁参照。

ような場合はやはりこの手続の対象とすることは相当でないと考えられる一方、それらを類型化し、予め法定しておくことも困難であることから、個別事件における裁判所の適切な判断に委ねたものである。この結果、契約関係にはない個人・事業者間の訴訟や法人同士であっても原告・被告間の力の格差が大きいような訴訟等では、個別の判断によって手続の利用が排除されうる。また、適正な訴訟準備が困難であることの多い本人訴訟においても、この手続の利用は通常は想定できないことになろう。いずれにせよ、この手続の利用の当否は、当事者間の衡平および適正な審理の実現という観点から判断されることになる。[244]

　以上のような対象事件を前提にして、この手続を利用するには、当事者の申出が要件となり[245]（381条の2第1項）、その場合、当事者双方の申出か（同条2項前段）、一方の申出と相手方の同意（同条2項後段）が必要となる。[246]事件の内容に鑑みこのような手続によって処理できるかどうかは当事者が最もよく判断できる立場にあるし、このような手続で進めるについては当事者自身の意欲

243）　立案過程では、この手続の利用を弁護士代理がある場合に限定すべき旨の意見も有力にあった。この訴訟については、どのような攻撃防御方法をどの段階までに提出するのか、そのためにどの程度の期間を要するのかなどの的確な判断は、法律専門家である訴訟代理人の助力を得なければ通常は困難と考えられるからである。ただ、ある手続上の手段を本人訴訟について一律に認めないことが妥当かは疑問であり、本人訴訟であっても極めて例外的にはこの訴訟によることのニーズがあり、かつ、実際に対応可能な場合もなくはないこと（たとえば、法務担当者等を備えた法人が訴訟代理人なしで訴訟を追行している場合や、破産管財人など弁護士資格を有する者が本人である場合等）などから、やはり裁判所の上記要件に係る個別判断に委ねることとしたものである。実際には、本人訴訟については、特段の事情がない限り、この要件に該当して手続の利用が認められない場合が多いものと解されよう。

244）　この要件の設定に際し、部会審議では17条の裁量移送の要件が示唆された。ただ、当事者間の衡平は同じであるが、同条の訴訟の遅滞に代えて適正な審理が要件とされている。これは、たとえば、双方本人訴訟などの場合には当事者間の衡平については問題がないかもしれないが、実質的に審理の適正性が問題になりうる場合があることから、要件化されたものと解される（他方、訴訟の遅滞は、審理期間が法定されているこの手続による限り、通常は問題とならない）。

245）　したがって、職権でこの手続に付すことはそもそも認められない。

246）　申出および同意は原則として書面によらなければならないが、期日でされるときは口頭ですることも妨げられない（381条の2第3項）。当事者の申述の意思を明確にする趣旨である。立案過程では書面に限定すべき旨の意見もあったが、期日でされる場合には口頭でされてもその真意は十分に確認可能であるとして、このような規律とされたものである。

や準備が必要不可欠になることから、両当事者の判断に委ねたものである。[247]
前述のとおり、立案段階では、一方の申出に対して相手方が異議を述べない
（その意味で消極的同意の）場合にも、その利用を可能にする旨の提案もあっ
たが、それでは不十分とされ、双方当事者の積極的同意が必要とされた。な
お、審理期間の予測可能性を高めるというこの制度の趣旨からは、通常はこ
のような申出は審理の早期の段階、少なくとも第1回の争点整理手続期日ま
でにされることが想定されるが[248]、審理の途中段階からこの手続に入ることも
妨げられない。[249]

　以上のような要件を充たす場合に[250]、裁判所は、法定審理期間訴訟手続によ
り審理および裁判をする旨の決定をすることになる（381条の2第2項）。当事
者双方の申出または一方当事者の申出と他方の同意がある場合には、上記の
ような例外的事情があることを裁判所が認めない限り、必ずこの手続を実施
しなければならず[251]、裁判所にこの手続を実施するかどうかの裁量権は与えら
れていない。

⑷　手続の内容

　法定審理期間訴訟手続は、その名のとおり、各審理の期間が細かく法定さ
れている[252]。すなわち、まず、裁判長は、この手続による審理裁判をする旨の
決定の日から2週間以内の間に口頭弁論または弁論準備手続の期日を指定し

---

247)　双方当事者のイニシアティブで、希望がある場合に法定審理期間訴訟手続が開始されること
　　を合理的な制度と評価されるのは、定塚・前掲注(237)55頁参照。
248)　また、裁判所が申述等をすべき日を定めたような場合には、当該日までにされることが前提
　　となろう。
249)　通常の手続からこの手続に移行する場合には、通常手続のために指定されていた期日は、こ
　　の手続のために指定されたものとみなされる（381条の2第4項）。ただ、その期日が決定後2
　　週間よりも後であれば、裁判長は、それとは別に、決定から2週間以内の期日を指定する必要
　　があると解される（381条の3第1項参照）。
250)　立案段階では、簡易裁判所の事件については、この手続の利用を認めるべきではない旨の意
　　見も出されたが、地方裁判所で処理すべき事件については、裁量移送（16条）や自庁処理（18
　　条）で対応することがあるとしても、簡易裁判所が自ら処理する事件につき、この手続の利用
　　をあえて排除する必要はないものとされ、特にこの点の制限は設けられていない。
251)　381条の2第2項は、「裁判所は……決定をしなければならない」と規定している。

なければならない（381条の3第1項）。そして、裁判長は、当該期日において、その期日から6月以内の間に口頭弁論を終結する期日を指定するとともに、その弁論終結日から1月以内の間に判決言渡しをする期日を指定しなければならない[253]（同条2項）。これによって、この手続による旨の決定をしてから、最大7月＋2週間で判決の言渡しに至ることになる。上記決定が比較的早く提訴直後にされるとすれば、提訴後8〜9月で判決に至ることを当事者は予測できることになろう。なお、いずれの期間も「以内」とされているように、これらは最大限の期間を定めているものであり、裁判長がこれよりも短い期間を設定することも可能である。

　そして、以上のようなスケジュールを可能にするため、当事者は、本手続において最初に指定された期日から5月以内に攻撃防御方法を提出しなければならず（同条3項）、また証拠調べも当該期日から6月以内に終えなければならない（同条5項）。これによれば、通常は、最初の期日から5月以内に争点整理を終了し、そこから1月以内に集中証拠調べ期日を設定して証拠調べを終えて弁論を終結し、さらにそこから1月以内に判決言渡しに至ることが標準的なスケジュールとして想定されることになろう。なお、これらの期間は、裁判所が、当事者双方の意見を聴いて、より短い期間にすることも可能とされる（381条の3第3項および5項括弧書参照）。実際上は、上記口頭弁論終結日や判決言渡日も含めて、この手続によることを決める際に当事者との協議に基づき審理計画を定め、それに基づいて審理が進められることになろう[254]。

　加えて、このようなスケジュールで審理判決が可能になるよう、裁判所は、争点整理期間終了までの間に、当事者双方との間で、争点および証拠の整理

---

252)　その意味で、審理計画（147条の3）に係る手続がオーダーメイドの手続であるとすれば、この手続はレディーメイドの手続ということができよう。ただし、期間設定はいずれも「以内」とされており、以下で述べるように、法定の期間よりも短い期間を当事者が合意することも可能とされている点には注意を要する。

253)　なお、この手続における期日の変更にはやむを得ない事由が必要とされる（381条の3第6項）。これは、通常の期日の変更は顕著な事由があれば足りる（93条3項本文）ことの例外をなす（すなわち、この規律は、やはりやむを得ない事由を必要とする、弁論準備手続を経た口頭弁論期日の変更（同条4項）と同程度の例外的事由を要求していることになる）。

の結果に基づいて、この手続の判決において判断すべき事項を確認するものとされる（381 条の 3 第 4 項）。そして、この手続の電子判決書の理由としては、その確認した事項に係る判断の内容を記録することで足りるものとされる[255]（381 条の 5）。立案過程では、この訴訟の判決書では理由の要旨の記録で足りる旨の提案もされていたが、判決内容を過度に簡略化し、拙速な判断になることに対する懸念が強かった。そこで、この手続が当事者にイニシアティブを付与するものであることから、裁判所が判断を示すべき事項についても当事者に主体的に決定させ、口頭弁論から判決言渡しまでを 1 月と法定していることから、裁判所の判決もその部分に集中して説得的な判断を示すことで足りると考えられたものである。[257]

(5)　手続移行・不服申立て

　以上のように、この手続は当事者の合意によって第 1 回期日から判決まで 7 月以内という迅速な審理を可能にしようとするものであるが、迅速な審理が拙速な審理となり、当事者の防御活動を阻害しては元も子もない。[258]そこで、法律はこの制度の利用について慎重な配慮をしている。前述の手続の利用要件、すなわち一定の訴訟類型の適用排除や当事者の合意の要求等もそのような趣旨に基づくものであるが、いったん要件を充たしてこの手続に入ったとしても、なお手続を通常手続に移行したり、その判決に不服を申し立てたり

---

254)　立案過程では、「裁判所と当事者双方は、この規律の手続により審理及び裁判をするときは、訴訟の進行に関して必要な事項に関し協議を行うものとする」旨の規律を最高裁判所規則に設けることが提案されていたところであり（部会資料 30 の 5 頁(注)参照）、今後そのような規律の創設が想定されよう。

255)　最高裁判所規則において、手形判決（規 216 条）や少額訴訟判決（規 229 条 1 項）などと同様に、この手続の判決であることが分かる表示（「法定審理期間訴訟判決」など）が定められるものと考えられる。

256)　なお、電子判決書の事実欄についても、請求の趣旨・原因のほか、攻撃防御方法それ自体ではなく、その要旨の記録で足りるものとされる（381 条の 5）。

257)　この点に関して、裁判所内でも協議がされ、やがて法定審理期間訴訟手続用の「簡にして要を得た」モデル判決書集などが作成されると予想されるのは、定塚・前掲注(237)57 頁参照。

258)　そのような観点から、立案段階では制度創設自体に対する強い反対も示されていたことは、前述（(2)参照）のとおりである。

することが可能とされている。

　まず、当事者の双方または一方はいつでも訴訟を通常の手続に移行させる旨の申出をすることができ、その申出があると、裁判所は訴訟を通常手続により審理および裁判をする旨の決定をしなければならない（381条の4第1項1号）。この手続にいったん同意したものの、予期しない事態等が発生することもありえ、いったん同意すると通常手続に戻れないとすると、この手続の選択に当事者は慎重にならざるを得ず、かえってほとんど利用されなくなる旨の懸念も示されていた。他方、この手続が両当事者の積極的な合意に基礎を置く例外的なものであり、その協力がなければそもそも適切な実施は困難であると考えられることから、[259]一方当事者がそこからの離脱を求める場合には、それを許してよいと考えられる。そこで、一方当事者の通常手続への移行申述権を認め、裁判所はその申出に拘束され、当然に移行決定がされるものとされた。[260]なお、移行申出は、口頭弁論の終結に至るまで、いつでもすることができる。[261]

　また、提出された攻撃防御方法や審理の現状に照らして、裁判所がこの手続による審理裁判が困難と認めたときも、やはり通常手続に移行する決定をしなければならない[262]（381条の4第1項2号）。仮に双方当事者がこの手続によることを求めているとしても、この手続によることで法定期間内に適切な審理判断ができないような状態になっているときには、適切な審理判断のため[263]

259）　また、そのような場合に無理にこの手続を継続してみても、結局は、判決後に異議申立てがされるおそれが大きいとみられる。

260）　移行決定がされると、その後はそれまでの審理を前提に、主張や証拠も引き継がれ、また裁判官の交代もなく、通常の訴訟手続で審理が進められることになる。

261）　少額訴訟における被告の移行申出が第1回口頭弁論期日までに限られていること（373条1項）とは異なる。なお、口頭弁論終結後に移行の申出があった場合でも、裁判所は弁論を再開して通常手続への移行を決定することは可能と解される。

262）　なお、このような通常手続への移行決定に対しては、不服申立てはできない（381条の4第2項）。

263）　争点等が予想よりも複雑多数に上ることが明らかになった場合や、当事者の攻撃防御方法の提出が必ずしも適時適切にされないような場合等が考えられる。また、この手続の開始時には当事者に訴訟代理人が付いていたが、その後、代理人が辞任等して本人訴訟になってしまったような場合などもこれに含まれよう。

には、裁判所の職権で通常手続に移行する可能性を認めるべきと考えられた
ものである。なお、通常手続への移行決定があった場合は、この手続のため
にすでに指定していた期日は、通常手続のために指定したものとみなされる
（同条3項）。

　さらに、判決が出された場合も、不服申立ては控訴によるのではなく（381
条の6本文）、電子判決書の送達の日から2週間の不変期間内の異議によるも
のとされる（381条の7第1項）。この手続においては特段の証拠制限等はない
し、いつでも通常手続に移行する選択権が当事者に与えられていることから
すれば、不服申立ては通常の控訴・上告とすることも考えられた。しかし、
審理期間が6月と法定されていることから、文書提出命令や鑑定等の証拠調
べは事実上制限される結果になることから、やはり審級の利益の保護のため
には同一審級において通常手続による再審理を認めることが相当であり、そ
の方がこの手続を選択しやすくなるとも考えられる。そこで、不服申立ては
異議によることとし、適法な異議申立てがあれば、訴訟は口頭弁論終結前の
程度に復し、その後は同一審級でもう一度通常手続による審理を受けること
を可能にしている（381条の8第1項）。そして、異議後の通常手続でされた判
決に対しては、控訴・上告が可能となる。

264）　笠井・前掲注(237)45頁は、この規律は「終局判決は訴訟が裁判をするのに熟したときにされ
　　るという原則に基づくもの」と評価される。
265）　ただ、手続移行の趣旨に鑑み、その期日を維持することが相当でないような場合には、期日
　　の変更が可能であることは言うまでもない（前掲注(249)も参照）。
266）　ただし、訴え却下判決に対しては控訴が可能である（381条の6但書）。
267）　この異議および異議後の手続については、広く手形訴訟に関する規律が準用されている（381
　　条の7第2項および381条の8第4項によれば、358条～360条および362条～364条の規定が
　　準用されている）。
268）　この点において、書証等の取調べに限定する手形訴訟（352条）や、即時に取り調べることが
　　できる証拠に制限する少額訴訟（371条）などとは異なっている。
269）　ただし、異議によっても本案判決の効力が失われるわけではなく、異議後の判決の主文は、
　　法定審理期間訴訟手続の判決の認可または取消しとなる（381条の8第4項による362条の準
　　用）。

(6)　利用が見込まれる事件類型および実際運用に向けた期待

　上記のように、この手続の利用が排除されている事件類型は法定されているが、実際にどのような事件において、この手続が利用されるかの予測は現段階では困難である。ただ、立案過程でその利用が見込まれる事件類型としては、①事実関係に争いがなく、契約条項の解釈や法の解釈適用についてのみ争いがある事案、②当事者間において訴訟前の交渉がされていたり、ADR手続が先行したりしていることによって、事実関係の争いがすでに絞られているような事案、③少額軽微な事件で、迅速な解決を両当事者が望んでいる事案などが挙げられていた[270]。私見では、さらに、④企業間の商事紛争や知財紛争で（係争額が多額のものであっても）、紛争解決までの期間の予測（たとえば会計年度内での解決等）が両当事者にとって何よりも重要であるとされるような事案なども、この手続によることが十分考えられるのではないかと予想している[271]。いずれにしても、この手続の利用は上記のような事案に限られるものではなく、原則として訴訟代理人の関与の下、当事者の申出・同意を前提にして、適切な事案の選択がされていくことが期待されよう[272]。

　以上のように、法定審理期間訴訟手続については、慎重な規定によって制度の濫用を防止しているものであるが、その中で、実務の工夫によって迅速かつ予測可能で適正な手続が実現していくことが強く期待されよう[273]。その意味で、改正法が施行されるまでの間に、裁判所の側でも、弁護士会等との協

---

270)　「不貞の慰謝料請求事案では当事者双方にとって早く結論が出ることは有益であり使える」と評価されるのは、大坪・前掲注（1）35頁参照。

271)　このような予測には、筆者の仲裁手続に関する若干の経験の中で、このようなニーズが企業の中に強く存在することを実感するためである。たとえば、日本商事仲裁協会（JCAA）の商事仲裁手続においては、訴額3億円以下の事件については、原則として、審理期間を6か月とする迅速仲裁手続の対象になるとされており、この手続に関する企業の評価は高いものがあるように感じられる。

272)　笠井・前掲注(239)69頁は、計画審理の活用によるオーダーメイドの手続とともに、「両当事者の意思で一定のレディーメイドの手続を用いる選択ができるものとする特別訴訟手続を設けることには意義がある」とされていたが、同感である。他方では、この手続の活用を受けて、一般の訴訟でも審理計画の復権（山本・第1章注（2）65頁以下など参照）が図られていくことが期待されよう。

議の上で、いかなる事案について、どのような形でこの手続が利用可能であるのかといった具体的な審理モデルを提示し、積極的に利用者に示していくことなどが望まれよう。[274]

6 秘匿決定制度

(1) 秘匿決定制度の意義

民事訴訟においては、訴状を始めとして当事者が裁判所に提出すべき書面には、当事者および法定代理人の氏名や住所を記載しなければならない（134条2項1号、規2条1項1号）。そして、そのような書面については、当事者は訴訟記録の閲覧等をすることができ、それについての制限はない。[275]そのため、たとえば、家庭内暴力（DV）の被害者が加害者に対して不法行為に基づく損害賠償請求訴訟を提起する場合、原告である被害者の住所は原則として被告である加害者に知られてしまうことになる。また、性犯罪の被害者がその加害者を訴える場合に、加害者が未だ被害者の氏名や住所を知らないときであっても、被害者は自己の住所・氏名を訴状等に記載しなければならず、それが加害者に知られてしまうことになる。その結果として、被害者に対する様々な二次的被害が発生するおそれが懸念され、上記のような被害者が訴え提起を躊躇する事態が生じうる。そこで、そのような事態を生じさせないようにするという観点からは、当事者の氏名や住所等を相手方当事者に対して秘匿することができる制度があることが望ましいということになる。[276]

---

273) 弁護士の立場から、「この手続によって全ての事件を迅速に進めることが常態化することになったとすれば、利用者にとっては歓迎すべきことであり、むしろ弁護士の仕事のやり方・事務所の態勢もそれに合わせて変えていく必要がある」とされるのは、大坪・前掲注（1）36頁参照。

274) 定塚・前掲注(237)55頁は、「各地の裁判所の裁判官に知恵出しをしていただき、できればたくさんの方法を一覧表のリストのようにして、事案に応じて使ってもらうという方法」を示唆される。また、笠井・前掲注(237)46頁も「施行前から、両当事者と裁判所が、合意の下に同様の期間内に審理と判決をするよう努める試行をすることも有益であろう」と提言される。

275) 第三者の記録等の閲覧については、秘密保護のための閲覧等制限決定の制度が規定されている（92条）。

　ただ、以上のような秘匿決定制度は、当事者が特定され、それが誰であるかは相手方当事者に知らされなければならないという民事訴訟の基本的な原則と矛盾するし、また当事者の特定情報を秘匿することは、場合によっては相手方当事者の手続権を害するおそれがあるという問題を生じることになる。そこで、このような制度のニーズが上記のような場合に強くあるとしても、それを制度化するに際しては[277]、それを民事訴訟の基本的な理論からも十分に説明ができ、特に相手方当事者の手続保障を害しないよう十分な配慮が必要になるものと考えられる。改正法は、そのような趣旨に鑑み、周到な配慮に基づき詳細な条文を置いて、そのような懸念に応えようとしたものといえよう。

(2)　立案過程の議論

　この秘匿決定制度に関する改正は、令和4年改正の裁判 IT 化に関するその他の改正事項とはやや異なる経緯を辿った（この点については、第1章3(3)も参照）。すなわち、2021 年8月に、法制審議会民事訴訟法（IT 化関係）部会は、他の部分の中間試案に後れて[278]、「民事訴訟法（IT 化関係）等の改正に関する追加試案」という形で、部会の追加試案をまとめ、パブリックコメントに付した。そして、その結果を受けて、最終的には、他の改正事項とともに、「民事訴訟法（IT 化関係）等の改正に関する要綱」の中に含む形で（同要綱第1部「第15　被害者の氏名等を相手方に秘匿する制度」および第3部「第1　被害者の氏名等を相手方に秘匿する制度に対応する改正」参照）、法務大臣に答申がされたものである。

　以上のような経緯を経て、この部分の改正事項も令和4年改正の中に含め

---

276)　越山和広「被害者の氏名等を相手方に秘匿する制度」ジュリ1577 号（2022 年）58 頁は、そのような意味で、被害者は相手方に対して住所・氏名等の情報を秘匿することを「裁判機関に対して要求できるだけの正当な利益を有している」ものと評価される。

277)　なお、従来も様々な実務上の工夫を通じてこの問題に対する対応が図られてきたことについては、越山・前掲注(276)58 頁参照。

278)　なお、中間試案においても、抽象的な形ではあるが、訴訟記録の閲覧との関係で、「法第 92 条の規律に加えて、例えば、犯罪や DV の被害者の住所等が記載された部分については相手方当事者であっても閲覧等をすることができないようにする規律を設けるものとする考え方がある」との記載がされ（中間試案第12 の4（注2）参照）、その問題意識の一端はすでに示されていた。

られ、最終的には、民事訴訟法の中に、第1編総則の第8章として「当事者に対する住所、氏名等の秘匿」という新たな章が設けられ、133条から133条の4まで4か条の条文が追加されたものである。なお、この秘匿決定の制度については、その改正内容に鑑み、できるだけ早期に施行することが望ましいものと考えられた。そこで、施行は2段階に分けられ、第1段階は、裁判のIT化に関する他の改正に先駆けて、法律の公布の日（2022年5月25日）から起算して9月を超えない範囲で、政令で定める日から施行されるものとされ、実際には2023年（令和5年）2月20日からすでに施行されている。その後、第2段階では、訴訟記録の電子化に伴う改正として（フェーズ3として）、上記規定がそれに合わせた形で修正施行されるとともに、133条の2第5項および6項が施行されることになる。

(3)　申立てによる秘匿決定

(i)　秘匿決定の要件

　民事訴訟において申立て等をする者またはその法定代理人の住所、居所その他通常所在する場所またはそれらの者の氏名その他当該者を特定するに足る事項の全部または一部が当事者に知られることによって、当該申立て等をする者またはその法定代理人が社会生活を営むのに著しい支障を生ずるおそれがある場合には、裁判所はその全部または一部を秘匿する旨の裁判（秘匿決定）をすることができる（133条1項）。

---

279)　改正前は、133条は訴え提起の方式に関する条文であったが、改正の結果、旧133条は134条に条文番号が変更されている（そして、旧134条（証書真否確認の訴え）は134条の2と枝番号にされた）。

280)　併せて、92条（秘密保護のための閲覧等の制限）に6項から8項が新設されている（後述(3)(ii)参照）。

281)　また、最高裁判所規則もすでに制定されており、規則にも新たに第1編第7章として「当事者に対する住所、氏名等の秘匿」が設けられ、規52条の9から規52条の13までの条文が新設されている。

282)　この点については、青木哲「住所、氏名等の秘匿制度」ひろば75巻9号（2022年）47頁参照。

283)　なお、第2段階の固有の改正点については、以下では詳論しないが、これらについては、青木・前掲注(282)49頁以下参照。

　まず、秘匿の対象となる事項の主体は、①申立て等をする者と、②その法定代理人である（併せて「秘匿対象者」といわれる。133条2項参照）。①については、当初は原告に限って議論されていたが、それ以外でも、参加人や訴訟手続の受継申立人等も保護すべき場合があるため、より広い形の文言とされたものである。また、訴訟行為も訴え提起には限定されず、広く申立て等に妥当する[284]。ただ、この規律は、あくまでも申立人等が申立てを躊躇する事態を防止しようとするものであり、それ以外の者については、申立書等に記載する必要がないとすれば、あえて保護の対象とするには及ばないものと解された。②は、申立人等の親権者・後見人等が含まれることになる[285]。また、秘匿の対象となる情報としては、①住所、居所その他秘匿対象者が通常所在する場所（住所等）と、②氏名その他当該者を特定するに足りる事項（氏名等）がある（併せて「秘匿事項」といわれる。133条2項参照）[286]。①住所等の「通常所在する場所」には職場や通学する学校等が含まれるし[287]、②氏名等の「当該者を特定するに足る事項」には、本籍や旧住所等が含まれる[288]。

　秘匿決定の中核的な要件は、秘匿事項を相手方当事者に知られることによ

284）「申立て等」は、「申立てその他の申述」を意味する（132条の10第1項参照）。その中には、立案段階では訴え提起とは別に検討されていた、送達場所の届出（104条1項）等も含まれることになる。

285）　それ以外の親族や訴訟担当の場合の被担当者などはこれに含まれない。越山・前掲注(276)59頁参照。

286）　立案段階では、一般に「当該者を特定するに足りる事項」を包括的に秘匿対象とすることが考えられたが、最終的には、そのような内容を有する「氏名等」とは別に、「住所等」が分離された。これは、DV被害者等のように、氏名を秘匿する必要は（相手方にすでに知られているので）ないが、その所在地は知られたくない場合と、そもそも氏名を知られたくない場合（この場合は通常、住所等も秘匿する必要があると考えられる）とを書き分ける趣旨とされる（ただ、DV被害者でも、再婚等によって氏が変わっているような場合等には、なお氏名を秘匿する必要がある場合もあろう）。越山・前掲注(276)59頁参照。

287）　当初は、これらの情報は推知情報としての位置付けもされていたが、住所を推知するというよりは、（DV被害の防止等のためには）その場所自体を秘匿する必要があると解されるので、正面から秘匿事項として位置付けられたものである。

288）　追加試案では、送達受取人も明示されていたが、その後の議論で、これは（近親者等を送達受取人とした場合、それによって当事者特定情報が推知されるという意味で）推知情報として位置付けるべきものと整理された。

り、対象者が「社会生活を営むのに著しい支障を生ずるおそれがある」こと
となる。このような文言は、すでに訴訟記録の閲覧等制限決定の要件として
使用されており（92条1項1号参照）、その解釈が一定の参考となろう。典型的
には、前述の立法趣旨（(1)参照）に鑑み、相手方当事者の付きまといや加害行
為等を誘発して秘匿対象者の平穏な社会生活が害され、また対象者の身体・
財産に害を加えまたはこれらの者を畏怖・困惑させる行為がされるおそれが
ある場合等が広く含まれる[289]。また、秘匿事項が第三者に知られることによっ
て生ずる社会生活の支障については、92条の閲覧等制限決定により対応でき
るので、ここでの要件には直接は該当しない。その意味で、性犯罪被害者が
氏名等を一般に知られることで、その名誉が侵害されるとしても、それは92
条による対応で足りるとも考えられる。しかし、相手方当事者にそれが知ら
れ、相手方からその情報が第三者に広く拡散されるおそれがあるとすれば[290]、
それによって対象者の平穏な社会生活が害されることはありうるのであり、
そのような可能性が疎明されれば、本条の要件を充たすものと解されよう。
また、申立人等の氏名等が知られることで、申立人等と密接な関係にある者
（親族・友人等）の利益が害され、結果として申立人等について社会生活上の
支障が生じるのであれば、やはり本条の要件を充たすことになる。なお、こ
の要件の立証については、証明ではなく、疎明で足りる。

　なお、立案過程では、証人の氏名等の秘匿に関して、この制度の準用を定
めることも検討された（追加試案第4参照）。証人についても、その氏名・住所
等が判明することで、相手方当事者から危害を加えられたりして社会生活を
営むのに支障を生じるケースはありうるからである。たとえば、証人が申立
人と共通の被害に関する被害者であるような場合が典型的である。ただ、訴
訟における証拠方法である証人について秘匿制度を認めることが妥当である
のか、その場合は証人にも申立権を付与するのかなど検討を要する論点も多
く、また実務上の対応等も考えられることから、この点については当面規律

---

289)　越山・前掲注(276)60頁は、これを「二次的被害を受けるおそれ」という意味に解される。

290)　近時のSNS等が広く普及した社会にあっては、そのような可能性はかなりの程度一般的に
　　認められることになろう。

を設けることは見送られ、将来の課題とされたものである。

(ii) 秘匿決定の手続

秘匿決定の申立てをするときは、秘匿対象者の秘匿事項その他最高裁判所規則で定める事項を書面（秘匿事項届出書面）[291]により届け出なければならない[292]（133条2項）。秘匿事項は、相手方当事者（その他の第三者）に知らせるべきではない情報ということになるが、他方で、裁判所は、当事者の特定や書類の送達等のために、それを知っておく必要がある情報である[294]。そこで、当事者はこの秘匿事項届出書面を提出することで、秘匿事項を裁判所に知らせることにしたものである。そのような性質の書面であるので、この届出書面は、当然閲覧等制限の対象になる（その詳細については、後述(iv)参照）。

なお、参加人との関係で、このような秘匿決定の申立てが確実にできるようにするための措置が設けられている。すなわち、DV等の被害者である原告が加害者以外の者に対して訴えを提起する場合に、加害者の記録閲覧等を防止するためには、記録の閲覧等制限決定の申立てをすることになる（92条1項1号）。ただ、加害者がその後訴訟参加してきた場合は、参加人は当事者として扱われるので、閲覧等制限決定申立ての効果は及ばない。そのため、その場合には、原告は別途秘匿決定の申立てをする必要があるが、そのため

---

291) 具体的には、①秘匿事項届出書面である旨の表示、および、②秘匿対象者の郵便番号および電話番号（ファクシミリ番号を含む）である（規52条の10第1項）。②は、秘匿対象者の住所の推知情報となるからである。ただ、②については、すでに訴状や答弁書でそれが明らかにされているのであれば、あえて秘匿する必要はないので、適用されないことになる（同条2項）。

292) フェーズ3施行後はオンライン申立ても可能になり、「書面その他最高裁判所規則で定める方法により」届け出るものとされる。それに応じて、これは「秘匿事項届出部分」と呼称が改められる（133条3項参照）。

293) 秘匿決定の申立ては、秘匿事項記載部分を特定してしなければならず（規52条の11第1項）、申立人は、当該申立て等に係る文書から秘匿事項記載部分を除いたものをも作成し、裁判所に提出しなければならない（同条3項）。また、秘匿決定においては、やはり秘匿事項記載部分を特定しなければならない（同条4項）。

294) その意味で、秘匿決定の制度は、米国の John Doe 訴訟などにみられるような、完全な匿名訴訟（裁判所においても誰が当事者であるかが分からないような訴訟）を認めた制度でないことは言うまでもない。

には参加の事実を知る必要がある。そこで、秘匿決定の申立てが確実にできるよう、92条1項1号による閲覧等制限決定申立てがある場合に、第三者がその訴訟に参加したときは、裁判所書記官はその事実を直ちに当該申立人に通知しなければならないものとされた（92条6項）。そして、上記通知日から2週間を経過するまでの間は、参加人は閲覧等制限決定申立てに係る秘密記載部分の閲覧等ができない（同条7項。ただし、申立てをした当事者全員の同意があるときは、閲覧等は可能とされる。同条8項）。これにより、参加がある場合も含めて、秘匿決定の申立てを常に可能なものとしている。

　秘匿決定の申立てがされると、その申立てについての裁判が確定するまでの間は、秘匿事項届出書面の閲覧・謄写等ができるのは秘匿対象者に限定され、それ以外の者は閲覧等の請求はできなくなる（133条3項）。裁判確定前の段階では、未だ秘匿決定の要件があるかどうかは明らかではないが、そこで秘匿情報が開示されてしまうと、後で秘匿の要件が充たされていることが判明しても取り返しがつかないので、暫定的に秘匿の効果を認めることにしたものである。[295)]

　裁判所は、秘匿決定をする際、秘匿対象者の住所・氏名等の全部または一部を秘匿する（133条1項参照）。通常は秘匿対象の全部を秘匿することになると思われる（特に氏名等の場合）が、たとえば、住所等の一部を秘匿すれば足りるケースでは、その限度で秘匿決定がされる。たとえば、「埼玉県さいたま市曙町1丁目1番1号」という住所の場合、「曙町1丁目1番1号」のみを秘匿する（「埼玉県さいたま市」の部分はそのまま開示する）こともありうる。[296)]

　また、裁判所は、秘匿対象者の住所・氏名について秘匿決定をする場合には、当該秘匿決定において、その住所・氏名に代わる事項（代替事項）を定めなければならない（133条5項前段）。たとえば、上記住所の場合、「A県B市C

295)　同様の仕組みは、訴訟記録の閲覧等制限決定の申立てがされた場合にもすでに存在する（92条2項参照）。

296)　ただ、DVや犯罪被害者の場合には、都道府県のレベルでも開示すれば、それに基づいて被害者の所在が探索される可能性はゼロではなく、あえてその部分のみ開示するケースは考えにくいようにも思われる。

町」といった事項[297]や、「Ａ山Ｂ男」といった事項を定めることになる[298]。これは、住所・氏名は訴状や判決書等の必要的記載事項とされているところ、それらの閲覧を制限するだけでは足りず、その適法性を確保するためには、代替事項を定め、代替事項が記載されていれば、氏名等の記載があったものとみなす必要があるからである[299]。そして、代替事項が定められた場合には、それは当該訴訟事件（上訴等を含む）のほか、「その事件についての反訴、参加、強制執行、仮差押え及び仮処分に関する手続」[300]においても包括的に適用し、それらの手続において代替事項を記載すれば、当該秘匿対象者の住所・氏名が記載されたものとみなされる[301]（133条5項後段）。したがって、氏名等が必要的記載事項である場合であっても、代替事項の記載があれば、その申立て等は適法なものとして扱われる。たとえば、反訴の場合には、反訴被告の氏名・住所が必要的記載事項となるが、本訴において原告の氏名等が秘匿されていれば、被告（反訴原告）としては、その記載ができない状態になるので、代替事項を記載すれば、反訴状が適法になることとしたものである[302]。また、判決書において代替事項が記載されていれば[303]、原告はそれを債務名義として、原告の住所・氏名等が記載されているものとして強制執行の申立てをすることが

297）　あるいは、実在の住所として、たとえば、受訴裁判所の所在地を代替住所とする可能性もあろうか。

298）　代替事項の定め方は裁判所の裁量に委ねられるものと解されるが、可及的に実名と混同されないような事項とすることが一般には望ましいであろう（たとえば、「甲山乙男」といった記載は、実名との混同のおそれがゼロとはいえない）。

299）　そのような規律がなければ、判決書等は必要的記載事項の不記載のため、不適法となってしまうおそれがあろう。

300）　保全処分に関しては、訴訟物と被保全権利の同一性の判断が難しい場合があろうが、疑義がある場合には、保全手続において改めて秘匿決定をすることになろう。なお、ここでの仮差押えまたは仮処分は、訴訟手続係属後にされるものであることが前提とされている。

301）　この反訴等の手続はあくまで例示であり（この規律ぶりは、訴訟代理権の範囲に関する55条1項の規定を参考にしたものとみられる）、これら以外の手続（たとえば、訴訟引受、中間確認の訴え等）であっても、代替事項の定めの趣旨に反しない限り、その効果は及ぶものと解される。脇村信治ほか「『民事訴訟法等の一部を改正する法律』の解説(4)」NBL1230号（2022年）21頁参照。

302）　これにより秘匿制度は「ワンストップ型」となり、利用しやすいものになったと評価するものとして、越山・前掲注(276)60頁参照。

できる。

　なお、令和4年改正のフェーズ3が施行された後は、秘匿決定の申立ては
オンラインによることも可能になる（この点は、前掲注(292)も参照）。オンライ
ン申立てがされた場合、電磁的訴訟記録のうち、秘匿事項記載部分について
は、その内容を書面等に出力し、書面等で保管する一方、その部分を電磁的
訴訟記録から消去する等の措置を講じることができる³⁰⁴⁾（133条の2第5項）。デ
ジタル情報について漏洩のリスクが大きいことを前提に、そのリスクが（現
在の技術上）より少ないと考えられる書面保管の可能性を認めたものである³⁰⁵⁾。
ただし、上記申立ての却下決定が確定したとき（およびいったんされた秘匿決
定が取り消されたとき）は、このような措置を維持する必要はなくなるので、
改めて電子化がされる³⁰⁶⁾（同条6項）。

(iii)　不服申立て

　秘匿決定の申立てを却下した決定に対しては、即時抗告をすることができ
る（133条4項）。秘匿対象者の秘匿を求める利益は重要な利益であるので、却
下決定に対しては即時抗告を認めたものである。即時抗告権をもつのは申立
人である。秘匿対象者が法定代理人である場合も、法定代理人が即時抗告を
申し立てるものではなく、あくまでも秘匿決定申立人である本人が申立権を
有するものと解される³⁰⁷⁾。

---

303)　電子判決書においても代替事項の記載で足りることは当然の前提とされ、裁判所としても、
　　秘匿決定に反する記載をする（実名等を記載する）ことは当然に許されないものと解されるが、
　　その明文化（裁判所に秘匿事項の記載を禁じ、代替事項の記載を義務付ける規定）が断念され
　　た理由等については、越山・前掲注(276)60頁注12参照。
304)　法律上は、「その他の当該秘匿事項記載部分の安全管理のために必要かつ適切なものとして
　　最高裁判所規則で定める措置」が可能となる。この点の具体化はフェーズ3に係る規則制定時
　　に対応されることになろう。
305)　なお、同様の観点から、書面申立ての場合も、電子化（ファイルへの記載）が免除され、非電
　　磁的訴訟記録として保管する措置が認められる（132条の12第1項3号）（これらの点につい
　　ては、本章4(2)(ii)も参照）。
306)　書面申立ての場合も、やはり申立てが却下された場合は電子化がされることになる（132条
　　の12第1項3号括弧書参照）。

他方で、秘匿決定（申立てを認容する裁判）に対しては、不服申立てをすることはできない。即時抗告はもちろん、通常抗告が認められる場合（328条）のいずれにも該当しないので、通常抗告もできない。これは、仮に秘匿要件の欠缺があった場合でも、後述（(6)参照）の秘匿決定の取消しの申立てができる[308]ので、利害関係人（相手方当事者等）の保護としてはそれで十分と考えられるからである。[309]

(iv) 秘匿決定の効果

秘匿決定がされた場合には、秘匿事項届出書面の閲覧等の請求をすることができる者は秘匿対象者に限られる（133条の2第1項）。相手方当事者はもちろん、広く第三者に対しても秘匿決定の効果が及ぶものとされている。前述のように（(ii)参照）、秘匿決定の申立てがされたときも暫定的にこのような効果が認められるが、その効果が秘匿決定によって永続的なものとなるわけである。また、秘匿決定がされたときは、当事者等の申立てによる訴訟記録の閲覧等の制限が可能になるが、これについては後述する（(4)参照）。

秘匿決定の効果は、原則として他の手続には及ばない。前述のように（(ii)参照）、代替事項の効果は、強制執行等の他の手続にも及ぶが、それ以外の秘匿決定の効果は他の手続には及ばないことになる。[310]たとえば、秘匿決定がされた訴訟事件の確定判決に基づき強制執行がされる場合において、強制執行の[311]手続の中で自己の住所・氏名等を記載した書面を提出したときは、その書面の閲覧制限等を求めるためには、改めて当該強制執行手続において秘匿決定を申し立てる必要がある（民執20条による133条以下の準用）。

---

307) ただ、法定代理人が本人（申立人）を代理して申し立てることになるので、実質的には差異はないであろう。

308) 取消しの理由は、秘匿決定の「要件を欠くこと又はこれを欠くに至ったこと」とされており（133条の4第1項）、当初から要件が欠けていた場合も含まれている。

309) このような仕組みは、訴訟記録の閲覧等制限決定に係る不服申立ての仕組みに類似する（92条3項・4項参照）。

310) なお、同一の事件にその効果が及ぶのは当然であるので、たとえば、秘匿決定がされた申立て等に係る上訴等の手続については、効果は及ぶ。

311) そのほか、民事保全手続でも以下と同様の扱いとなる（民保7条による準用）。

⑷　申立てによる訴訟記録の閲覧等の制限

　秘匿決定があると、前述のように、秘匿事項届出書面については閲覧等の制限の効果が生じるが、裁判所は、それに加えて、申立てにより、それ以外のもので、秘匿事項または秘匿事項を推知することができる事項が記載等された部分（秘匿事項記載部分）の閲覧等の請求をすることができる者を、当該秘匿決定に係る秘匿対象者に限る決定をすることができる（133条の2第2項）。本制度の趣旨を達成するためには、申立書等以外の文書、すなわち当事者が提出する訴訟委任状、資格証明書、準備書面や書証等の文書のほか、第三者[312)]が提出する文書などについても広く相手方当事者等に対して秘匿の対象にする必要があるので、秘匿事項届出書面以外にも閲覧等制限の対象を広げることとしたものである[313)]。加えて、秘匿事項の閲覧等を制限することに加えて、秘匿事項を推知させる可能性がある事項にも同様の措置をとらないと、その部分の閲覧等から秘匿事項が推知されるおそれがあり、秘匿決定をした意味がなくなるため、秘匿できる事項が拡大されている。ただ、どの情報を開示すれば、秘匿事項が推知されるかは通常、秘匿対象者にしか分からないので、閲覧等の制限をその者の申立てに委ねたものである。

　本条にいう「推知することができる事項」（推知事項）に何があたるかは、秘匿事項や申立人と相手方の関係等により異なりうる相対的なものである。たとえば、住所が秘匿事項である場合には、申立人の子が通う学校の名称や申立人が現に通院する病院や過去に受診した病院等の名称などは推知事項に該当しえよう。また、住所・氏名の双方が秘匿事項である場合には、申立人

---

312)　ただ、準備書面や書証等については、相手方の攻撃防御との関係で通常重要なものと考えられるので、その閲覧等の制限は相手方の攻撃防御に実質的な不利益をもたらすおそれが強く、閲覧等の許可（後述⑹(iii)参照）が認められる可能性があろう。その意味で、秘匿対象者としては、準備書面の記載や提出する書証の内容については、予め配慮しておく必要があろう。

313)　ただ、実際には、秘匿対象者等の提出する書面においては秘匿事項や推知事項が積極的に記載されることは想定されておらず（前注も参照）、本条の申立ては不要の場合が多いものと想定される（脇村ほか・前掲注(301)22頁参照）。ただ、訴訟追行のため、代替事項等の記載では足りず、秘匿事項等の記載が不可欠となる場合（たとえば、立証のために不可欠の書証に推知事項が記載されており、一部墨ぬりによる対応等も難しいような場合）には、本条による申立てをした上で、当該書証等が提出されることになろう。

の生年月日や愛称、電話番号、電子メールアドレスや職業・勤務先等の事項、申立人の子の氏名その他親族の氏名なども、相手方が現実に入手可能である他の情報等と照合することによって申立人を推知できる可能性があれば、推知事項に該当しうる。

　当事者による閲覧等制限決定の申立てがあったときは、その申立てについての裁判が確定するまでの間、秘匿対象者以外の者は当該秘匿事項記載部分の閲覧等の請求をすることができない（133条の2第3項）。なお、申立てによる閲覧等制限決定は、前述のとおり、秘匿決定の存在を前提としたものであるが、閲覧等制限決定の申立て自体は、秘匿決定の申立てとともにすることができる。[314] これは、秘匿決定の申立てとともに疎明資料等を提出する際には、当該資料等に秘匿事項や推知事項が記載されており、その閲覧等の制限を要する場合があることによる。

　閲覧等の制限決定がされると、当該部分の閲覧等の請求は秘匿対象者に限られる（133条の2第2項）。相手方当事者や第三者は閲覧等の請求ができなくなる。また、秘匿決定と同様（前掲(3)(ⅲ)参照）、閲覧等制限決定の申立てを却下する決定に対しては、即時抗告をすることができるが（同条4項）、閲覧等制限決定自体に対しては、即時抗告または通常抗告をすることはできず、取消申立てによって争うことになる。

(5)　職権による訴訟記録の閲覧等の制限

　裁判所は、当事者またはその法定代理人に対して送達をするため、その者の住所など送達をすべき場所やその者の氏名その他当該当事者を特定するに足りる事項についての調査を第三者に嘱託する場合があるとされる。たとえば、被告の現在の住所が原告に明らかではない場合に、[315] 裁判所が訴状の送達のた

---

314)　脇村ほか・前掲注(301)22頁参照。
315)　典型的には、DV等の被害者（被告）がいわゆる支援措置を受けている場合に、加害者（原告）は住民票の閲覧等が拒絶されるため、被告の住居所不明で訴状を提出することにならざるを得ない。その場合、裁判所は送達すべき場所について、被告の住民票上の住所につき市区町村に対して調査嘱託をすることになるとされる。このような運用につき、越山・前掲注(276)61頁参照。

めに郵便局に嘱託してその転居先を調査するような場合である。ただ、このような場合には、前述のような秘匿決定の要件を充たしている場合があると考えられるが、被告は訴状が送達されてくるまでそもそも当該提訴自体を知りえないので、秘匿決定の申立てをすることができない。したがって、このような場面では、例外的に、当事者の申立てによることなく、裁判所の職権で訴訟記録の閲覧等の制限の措置をとる必要があるものと考えられる。[316]

　そこで、裁判所は、当事者またはその法定代理人に対して送達をするため、その者の住所など送達をすべき場所について調査を嘱託した場合において、嘱託の調査結果の報告書が閲覧等されると、[317]当事者またはその法定代理人が社会生活を営むのに著しい支障を生ずるおそれがあることが明らかであると認めるときは、決定で、当該調査結果報告書や送達報告書（100条）その他これに類する書面の閲覧等を請求することができる者を当該当事者またはその法定代理人に制限することができる（133条の3第1項前段）。当事者またはその法定代理人を特定するため、その者の氏名その他当該者を特定するに足りる事項につき調査の嘱託をした場合も同様とされる[318]（同項後段）。

　この職権による閲覧等の制限の制度は、前述のように、被告が訴状を受け

---

316)　なお、ここでいわれる調査嘱託が、証拠調べとしての調査嘱託（186条）に厳密に該当するかについては議論がありえよう。そもそもこれは訴訟係属（訴状送達）前に行われる調査嘱託であり、証拠調べの概念に適合しないからである。ただ、実務においてこのような措置がとられていることは事実であり、その法的な位置付けに議論はあるものの（この問題については、山本和彦ほか「現代における裁判所の情報収集や裁判のための証拠等収集の在り方をめぐる問題（現代訴訟の論点と法理論の検討④）」論ジュリ25号（2018年）124頁以下など参照）、実務を前提として、このような職権による閲覧等制限の制度が必要と解されたものである。

317)　閲覧等の主体は必ずしも当事者には限定されていない。これは、職権での閲覧等制限が認められる局面として、秘匿対象者が手続に関与できないような場面が想定されているため、裁判所としては、その職権の行使に際して、危害発生のおそれの起点となるべき閲覧主体が当事者であるか第三者であるかを厳密に区別することは困難であり、その点を要件とすることは相当でないと判断されたものであろう。

318)　これは、ある既存の事件で訴状における秘匿措置がとられた場合において、当該既存事件の被告が原告に対して別訴を提起するときには、原告代替事項を記載し、訴状等を提出せざるを得ないが、そのような場合に、受訴裁判所が当該既存事件に係る裁判所に対して当事者特定事項につき調査嘱託をするような場面が想定されているのではないかと思われる（このような場面につき、部会資料18の9頁以下参照）。

取っておらず、訴え提起をそもそも知りえない場面を前提にしたものである
から[319]、被告が訴状を受け取り、訴訟係属を知った後は、被告自身による秘匿
決定や閲覧等制限決定の申立てによって対処されるべきことが前提とされて
いる。なお、閲覧等制限決定が認められる要件は基本的に秘匿決定の場合と
同じであるが、その法益侵害の明白性（「著しい支障を生ずるおそれがあること
が明らかである」こと）が求められる点に特徴がある。これは、この措置が（申
立てによらず）職権で行われることから、その保護の必要性が裁判所にとって
容易に判明するような場合にその適用を限定する趣旨である[320]。また、この場
合は、裁判所が職権で判断するため、当事者の秘匿事項や推知事項を適切に
特定することは困難であるため、上記文書等が全体的に秘匿の対象になるも
のとされている。

(6)　秘匿決定等の取消し等

(ⅰ)　取消申立権者

　秘匿決定および当事者の申立てまたは職権による閲覧等制限決定（秘匿決
定等）について、秘匿対象者など記録閲覧等が可能な者以外の者は、秘匿決
定等の取消しの申立てをすることができる（133条の4第1項）。取消しの要件
は、秘匿決定等の要件を欠くことまたは欠くに至ったことである。したがっ
て、当初からその要件がなかった場合はもちろん、事後的に要件が消滅した
場合にも取消しの申立ては可能である。前者の場面は本来決定に対する不服
申立てによることが考えられるが、閲覧等を求める第三者など秘匿決定等の
時点で直ちに申立てができない者もいることから、事後的な取消しに一元化
したものである[321]。

　取消申立権は、相手方当事者はもちろん、第三者にも付与される。立案過

---

319)　そのため、決定の対象となる文書も、訴状の送達等のためまたは当事者等の特定のための調
　　査嘱託に係る文書という狭い範囲に限定されている。

320)　越山・前掲注(276)62頁参照。前述のような、被告がDV等支援措置を受けているような場
　　合が典型である。

321)　その結果、越山・前掲注(276)62頁は、秘匿決定等には既判力が認められないとする。

程では、第三者に申立権を付与する必要はなく、それを認めると濫用的な申立てがされるおそれもあり、秘匿対象者等の負担が重くなり、相当でないという意見も出された。しかし、秘匿決定等には、当事者のみならず第三者との関係でも閲覧等を禁じる効果が生じる以上、客観的に要件を欠く場合に当事者が取消申立てをしないからといって、一般に訴訟記録の閲覧権（91条、91条の2）を有する第三者の閲覧等が禁じられるいわれはないので、秘匿対象者等以外のすべての者が取消申立権を有することにしたものである。

(ⅱ)　取消しの要件

　取消決定の要件は、秘匿決定等の「要件を欠くこと又はこれを欠くに至ったこと」である。前述のように（(3)(ⅲ)など参照）、秘匿決定等それ自体に対しては、不服申立てが認められておらず、当初から要件を欠いている場合も取消しの申立てがされることになる。第三者は、自己が記録を閲覧しようとして初めて秘匿決定等の存在に気付くことが通常であるし、当事者との関係でも、仮に決定に対する抗告を認めるとしても、この決定の性質上執行停止の効果を認めることはできないので、実質的には取消申立てとの差異はないと考えられる。それにもかかわらず、当事者と第三者とで不服申立てのルートが異なるとすると、混乱を招くおそれがある。そこで、秘密保護のための閲覧等制限決定の場合（92条3項参照）に倣って、不服申立てを取消しに一元化したものである。

　また、要件が事後的に欠缺した場合（たとえば、付きまといのおそれが消滅したと認められる場合や、原告の氏名等が報道等により広く知られてしまったような場合など）には、やはり取消決定によることになる。この取消しの要件の立証は疎明で足りるものと解される。秘匿決定の要件自体の立証が疎明で足りる

---

322)　これは、申立てがあれば秘匿対象者の意見を聴取せざるを得ず、それに対応する負担を問題にする意見であったが、同様の取消申立てが多数されるなど濫用的な申立てであると裁判所が評価できる場合には、その意見を聴取しなくても判断できる場合はあるとの反論がされた（後述(ⅳ)も参照）。

323)　なお、越山・前掲注(276)62頁は、この問題を論じる前提として、「第三者の記録閲覧権の法的性質について議論を深めることが必要である」とされる。

（133条1項）のであるから、その要件の欠缺の立証についても同様に疎明で足りると考えられるからである。

(iii)　裁判所による閲覧等の許可

　相手方当事者は、秘匿決定等がある場合であっても、自己の攻撃防御に実質的な不利益を生ずるおそれがあるときは、訴訟記録等の存する裁判所の許可を得て、閲覧等の請求が制限される部分につき、その閲覧等の請求をすることができる（133条の4第2項）。民事訴訟における当事者権の保障は判決効の基礎をなすものであり、その十分な保障のためには秘匿決定等の要件がある場合であっても、訴訟記録の閲覧等を認めざるを得ない。そこで、当事者の攻撃防御活動に実質的な不利益をもたらす場合には、当事者の閲覧等を認めるべきことになるが、この場合、第三者にまでその閲覧等を許す必要はない。そこで、追加試案においては、相手方当事者のみに作用する相対的取消しの概念を提案していたが、法制上そのような例はあまりみられないこともあり、最終的には、秘匿決定等は維持しつつ（その結果として第三者に対する閲覧等の制限の効果は維持しつつ）、当事者の例外的な閲覧等請求を許可するという法律構成になったものである。

　裁判所による閲覧等の許可の要件は、「自己の攻撃又は防御に実質的な不利益を生ずるおそれがある」ことである。相手方当事者の住所や氏名等が明らかにならないと攻撃防御活動が阻害されるという場面は、通常は考えにくい。ただ、原告の逸失利益等の賠償請求において、（推知情報である）原告の職業等が明らかにならなければ、十分な防御活動ができないといった場合はあるかもしれない。[324]さらに、土地管轄との関係で、原告の住所地につき義務履行地管轄との関係で、また被告の住所地につき普通裁判籍との関係で、住所の立証が問題になるような場合もありえよう。[325]また、この不利益は「実質的」なものでなければならず、単に形式的なものでは足りない。裁判所としては、

---

324)　ただ、このような場合は通常、原告側が証明責任を負う事実であることが多いと思われ、（被告の防御活動の前に）原告がその点の事実を明らかにしないで、十分な損害の立証をできるのかがそもそも問題になりえようか。

情報開示によって秘匿対象者等に生じる不利益と情報不開示によって許可申立人に生じる攻撃防御上の不利益とを比較衡量して判断することになろう。[326] なお、この不利益の立証は疎明で足りる（133条の4第3項）。

　この閲覧等の許可はあくまでも当事者の攻撃防御活動のために認められるものであるので、閲覧等によって得られた情報の目的外利用は禁止される。すなわち、閲覧等の許可の裁判に基づき得られた情報について、当事者、法定代理人、訴訟代理人または補佐人は、正当な理由なく、当該手続の追行の目的以外の目的のために利用し、または秘匿対象者等以外の者に開示してはならない（133条の4第7項）。ただ、「正当な理由」があれば、そのような利用や開示は認められるので、たとえば、その訴訟における私的鑑定人との情報共有の必要がある場合はその者に開示することができるし、当該訴訟に関連する他の手続において合理的な必要があればその利用は認められる。いずれにしても、この秘密保持義務に違反しても直接の制裁はなく、場合によって不法行為責任等を負うに止まる。

(iv) 取消しまたは閲覧等許可の手続

　裁判所は、秘匿決定等の取消しまたは閲覧等の許可の裁判をするときは、取消し等の対象となる秘匿決定等の秘匿対象者等の意見を聴かなければならない（133条の4第4項）。このような裁判は、秘匿対象者等の利害に直接関わるものであるので、その意見聴取を義務的なものとしたものである。その意味で、この意見聴取は秘匿対象者等に意見を述べる機会を与えるものであるので、書面による照会等がされたにもかかわらず、何らの返答がないような場合は、本項による意見は聴いたこととなる（何らの意見もないものとして取り扱われる）。また、ここでの意見聴取義務は、取消決定や許可決定をする場

325）　ただ、このような場合も、住所の一部（都道府県など管轄の基準となる部分を除く部分）のみの秘匿を求めれば、相手方の防御上の困難は生じないであろう（越山・前掲注(276)63頁参照）。ただ、DV被害者等の場合には、当該都道府県にDVシェルターが少数しかないような場合や簡易裁判所が管轄を有する場合には、なお問題は残るかもしれない（前掲注(296)も参照）。
326）　青木・前掲注(282)50頁は、「両当事者の不利益の内容や程度を考慮して相対的に判断する余地があるのか、引き続き検討を要する」とされる。

合にのみ生じ、申立てを却下する場合は（秘匿対象者等に不利益は生じないので）不要である。したがって、濫用的な取消し等の申立てが繰り返されるような場合には、秘匿対象者等の負担に鑑み、意見聴取をせず、直ちに申立てを却下することになるものと解される[327]。

　秘匿決定等の取消しの申立てまたは閲覧等許可の申立てについての裁判に対しては、即時抗告をすることができる（133条の4第5項）。申立てを認容する決定（取消決定・許可決定）も、申立てを却下する決定も、即時抗告の対象となる。そして、申立てを認容する決定（取消決定・許可決定）は、確定しなければ効力を生じない（同条6項）。したがって、取消決定がされても、即時抗告期間および即時抗告審に事件が係属中は取消しの効力は生じないし、閲覧等の許可決定も同様である。なお、閲覧等の許可の効力は許可申立人ごとに生じ、当事者が複数である場合にも相対的な効果しか有しない。これは攻撃防御の利益は当事者ごとに考えられるからである。ただ、すべての当事者との関係で閲覧等の許可決定がされた場合には、それは秘匿決定の「当事者に知られることによって」支障を生ずるという要件を欠くに至ったことになるので、第三者との関係でも取消決定の対象になりうるものと解される[328]。

(7)　他の手続における秘匿制度

　以上が民事訴訟法における秘匿制度に係る規律であるが、同様の問題は他の民事裁判手続においても存在する。そこで、令和4年改正は、整備改正として、他の法律についても、この問題に関する一定の対応を図っている。

---

327)　この点は秘匿対象者等の手続上の負担にも対応するものである。前掲注(322)も参照。

328)　立案過程では、相対的取消しの構成がとられていたが（前掲(iii)参照）、すべての当事者に対して取消しの効力が生じた場合には、第三者に対してもその効力が生じる（絶対効への転化）という構成がとられていた。改正法では閲覧等の許可の構成が採用されているが、本文のような理解の下で（特段の明文規定がなくても）、結局第三者の閲覧等も可能になるものと解される。

（i）**民事執行・民事保全・倒産手続**

（a）**民事訴訟法の準用**

　民事執行法、民事保全法、破産法・民事再生法等においては、民事訴訟法の規定が包括準用されており（民執20条、民保7条、破13条、民再18条など）、民事訴訟法上の秘匿制度も基本的にはそのまま準用されている[329]。したがって、秘匿決定の要件を充たす場合には、執行裁判所その他各手続を担当する裁判所[330]が申立てに基づき秘匿決定をすることになり、また事件記録の閲覧等の制限もされる。

　他方、民事訴訟における代替事項の定めの効果が強制執行等にも及ぶ場合には（前掲(3)(iv)参照）、債権者は、代替事項の記載された債務名義に基づいて民事執行を申し立てることができ、その場合は申立書等に代替事項を記載すれば、債権者の氏名等を記載したものとみなされる。この場合、執行裁判所等において、その債権者の氏名等を把握するために、秘匿事項届出書面の謄本等を提出させることができるものと解される[331]。また、債務者につき秘匿決定がある場合に、債権者がどのような場面でその開示を求めることができるかも1つの課題である[332]。

（b）**供託命令制度の創設**

　民事訴訟の段階で秘匿決定があり、債務名義に原告の代替事項が記載され

329)　電磁的訴訟記録と関連する部分（133条の2第5項・6項、133条の3第2項）が準用から除外されているが、民事執行法等のデジタル化に関する改正の際に対応することが前提とされているもので、その実質が排除された趣旨ではない。その結果、その他裁判手続のIT化に係る令和5年改正（第3章1参照）においては、この部分も含めて、民事訴訟法の規定が準用されることとされている。

330)　民事執行において執行官や裁判所書記官が執行機関となる場合であっても、この点の判断は高度に法的なものであるので、執行裁判所の権限となるものと解される。

331)　なお、不動産の差押えに伴う差押登記についても、差押債権者の住所・氏名の秘匿がされることが前提とされていると解される。この点は、部会資料27の22頁以下参照。

332)　債権者が債権回収できない場合に差押えの必要があることも、「自己の攻撃又は防御に実質的な不利益を生ずるおそれがあるとき」（133条の4第2項）と解することができるかは1つの解釈問題である（筆者はそのような理解も可能ではないかと考えている）。将来的には、債務者の氏名・住所を記載しないまま、財産開示を求めることを認める可能性もあろう（部会資料30の25頁参照）。

ている場合において、当該債務名義に基づく債権差押えがされるときに、差押債権者が被差押債権に係る取立権（民執155条1項）を行使するためには、当該債務名義に記載されている債権者（原告）と自分との同一性を証明する必要があることになる。しかし、それは結局、債務者と一定の関係を有する可能性のある第三債務者に当該債権者の氏名等を開示しなければならないことを意味し、その氏名等が債務者（被告）に漏洩するリスクを生じる[333]。また、第三債務者に（当該情報を開示しながら）守秘義務を課すことは、手続に巻き込まれる立場にある第三債務者に対して過度な義務を課すことになり、その正当化は難しい。同様のことは執行手続の中で秘匿決定がされた場合にも妥当する。そこで、このような場合には、第三債務者に供託義務を課し、第三債務者への秘匿事項の開示を避けながら債権執行の実現を図る手続が必要となる。それが供託命令の制度である。

　差押債権者またはその法定代理人の住所・氏名につき、執行手続の中で秘匿決定がされた場合および債務名義において代替事項が表示されている場合には、執行裁判所は、差押債権者の申立てにより、被差押債権相当額を供託所に供託すべきことを第三債務者に命ずる供託命令を発することができる（民執161条の2第1項）。供託命令が出されれば、第三債務者はそれに従って供託する義務を負う（民執156条3項）[334]。供託がされると、その後、配当等の実施手続がされることになる（民執166条1項1号）。他方、第三債務者が供託をしない場合には、差押債権者は取立訴訟を提起することができ、裁判所は、差押債権者の請求を認容するときは、供託判決（請求に係る金銭の支払は供託の方法によりすべき旨を判決主文に掲げる判決）をすることになる（民執157条4項）。

(ii) 非訟事件手続

　非訟事件の手続においても、秘匿決定の制度、代替事項の定めおよび秘匿

333）　もちろん差押債権者はそのようなリスクを受容しながら、受訴裁判所から代替事項に係る差押債権者の氏名等の証明書の交付を受けて、第三債務者に自らそれを提示して直接取立てをする方途も認められる。

334）　第三債務者は供託命令に対して不服を申し立てることはできない（民執161条の2第4項）。

事項届出書面の閲覧等の制限の制度は準用されている（非訟42条の2による133条、133条の2第1項および133条の4（4項2号を除く）等の準用）。したがって、申立人は自己の住所・氏名の秘匿を求めることができ、民事訴訟法と同様の要件に基づきそれが認められれば、秘匿事項届出書面の閲覧等は制限され、代替事項が定められることになる。この場合、読み替え規定において、秘匿の相手方は、相手方当事者だけではなく、利害関係参加人（非訟21条5項）および裁判を受ける者となるべき者（非訟11条1項1号）を含んでいる。これは、たとえば、相手方のいない会社非訟事件などでも、申立人以外の第三者が裁判の結果に利害関係を有するような事件があるため、上記のような者の閲覧によって一定の法益侵害が生ずることを、より効果的に防止する趣旨である。

　他方、非訟事件手続においては、申立てまたは職権による閲覧等の制限の制度は準用されていない（非訟42条の2は、133条の2第2項および133条の3などの規定を準用から除外している）。これは、非訟事件手続法においては、たとえ当事者であっても手続記録を自由に閲覧等することはできないことになっているからである。すなわち、当事者や利害関係人であっても、非訟事件記録の閲覧等については裁判所の許可を得なければならず（非訟32条1項）、裁判所は、当事者または第三者に著しい損害を及ぼすおそれがあると認める場合には閲覧等の許可をしないことができる（同条3項）。したがって、秘匿事項の開示によって当事者等が社会生活に著しい支障を生ずるおそれがある場合には、ここにいう「当事者又は第三者に著しい損害を及ぼすおそれがある」と認められるので、裁判所は記録の閲覧等を拒絶でき、当事者等の保護としては、このような既存の仕組みですでに十分と考えられたものである。加えて、秘匿決定の取消しの申立権も、当事者および利害関係参加人に限定されている（非訟42条の2による133条の4第1項の読み替え規定参照）。これも、第三者の記録閲覧は裁判所の裁量に委ねられ、その判断につき不服申立て（即時抗告）の機会は付与されていないという非訟事件の規律を反映し、一般第三者に取消申立権を付与する必要はないと解されたものである。[335]

335）　部会資料27の32頁参照。

　ただし、非訟事件手続であっても、事件記録の閲覧等の仕組みが民事訴訟法と同様に規律されている手続（裁判所の許可なしに当事者の記録閲覧等が認められている手続）、すなわち、借地非訟、民事調停および労働審判事件等については、民事訴訟と同様の懸念が妥当するので、これらの手続については、民事訴訟法の仕組みが（上記133条の2第2項や133条の3なども含めて）包括的に準用されている（借地借家61条、民調21条の2、労審28条の2）。

(iii)　家事事件手続・人事訴訟

　家事事件手続についても、上記非訟事件で述べたことがそのまま妥当する。すなわち、まず、秘匿決定、代替事項の定めおよび秘匿事項届出書面の閲覧等の制限の制度は準用される（家事38条の2）。この場合、読み替え規定において、秘匿の相手方は、相手方当事者だけではなく、利害関係参加人（家事42条7項）および審判を受ける者となるべき者（家事10条1項1号）を含んでいる。これは、たとえば、相手方のいない別表第1事件の中でも、親権喪失事件や成年後見開始事件などのように、申立人以外の第三者が裁判の結果について利害関係を有するような事件があるため、上記のような者の閲覧等によって一定の法益侵害が生ずることを、より効果的に防止する趣旨である。[336]

　他方、申立てまたは職権による閲覧等の制限の制度は準用されていない（家事38条の2は、133条の2第2項および133条の3などの規定を準用から除外している）。これも非訟事件一般と全く同様の趣旨で、家事事件においては、たとえ当事者であっても、裁判所の許可がなければ、家事審判事件の記録の閲覧等ができない仕組みがとられており（家事47条1項）、当事者からの申立ては許可することが原則であるものの（同条3項）、当事者や第三者が社会生活を営むのに著しい支障を生じ、またはその者の名誉を著しく害するおそれがあると認

---

336) 立案過程では、秘匿対象者についても、当事者・法定代理人だけではなく、審判を受ける者となるべき者や当事者の子にも拡大することが議論された。ただ、これらの者については、（その氏名は当事者等には当然に知られているし）住所の秘匿の必要がある場合があるとしても、申立書等におけるこれらの者の住所の記載は法律上義務付けられてはいないので、その記載を避けるなど実務上の工夫により対応ができるものと解され、規定は設けられていない（この論点については、部会資料27の30頁以下参照）。

められるような場合等には、当事者の閲覧等の申立てを許可しないことができる（同条4項）。その意味で、民事訴訟法における閲覧等の制限の規律はこのような規律ですでにまかなうことができているものと解されるからである。[337]加えて、秘匿決定の取消申立権も、当事者および利害関係参加人に限定されている[338]（家事38条の2による133条の4第1項の読み替え規定参照）。これも、第三者の記録閲覧は裁判所の裁量に委ねられており、その判断につき不服申立て（即時抗告）の機会は付与されていないという家事事件の規律を反映し、一般第三者に取消申立権を付与する必要はないと解されたものである。[339]

また、人事訴訟においては、基本的に民事訴訟法の規定がそのまま適用になるが、訴訟記録中事実の調査に係る部分については特則が設けられ、上記家事事件手続と同様の規律がされている。すなわち、申立てまたは職権による閲覧等の制限の制度は適用が除外されている（人訴35条8項）。これは、やはり家事事件と同様、当事者の閲覧等を制限する仕組みがすでにあり（人訴35条2項但書）、それによる対応で十分と考えられたからである。

7　それ以外の改正事項

以上が令和4年改正の概要であるが、それ以外にも改正項目はいくつか存在する。そこで、以下では、上記の分類には必ずしも含まれないような個別の改正項目についても[340]、簡単に概観することとしたい。[341]

337）　また、家事調停の記録の閲覧等については、当事者との関係でも、その許否は裁判所の裁量に委ねられている（家事254条3項）ので、問題は生じないと考えられる。

338）　なお、家事調停については、そもそも取消制度の対象から除外されている。これは、当事者も含めて、記録の閲覧等の許否の判断が裁判所の裁量に委ねられており、不服申立ても認められていないことから、当事者との関係でも取消申立権を認める必要はないと解されたものである（部会資料30の28頁参照）。

339）　部会資料27の32頁参照。

340）　下記以外の改正事項として、期日の変更については、その指定と同様、（裁判所ではなく）裁判長の権限とすることで（93条1項参照）、裁判所の事務を合理化し、機動的な期日変更を可能としている。

(1) 準備書面の提出懈怠等に伴う理由説明義務等

　まず、準備書面の提出や証拠の申出について、当事者が期間を遵守しない際のサンクション、すなわち理由説明義務が定められた（162条2項）。これは、審理の計画的かつ迅速な進行において当事者の準備書面の提出の遅滞が大きな障害となっている旨の指摘があることに鑑み[342]、従来制裁規定がなかった準備書面の提出や証拠の申出をすべき期間の裁定の規律（162条1項）に関して、裁判所が定めた期間の経過後に当事者がそれらを提出する場合には、その期間を遵守できなかった理由の説明義務を課して、期間の遵守を担保しようとするものである[343]。

　これによって、当事者が十分な理由を説明できない場合には、それに対する直接の制裁はない（その意味では訓示規定である）ものの、時機に後れた攻撃防御方法の却下の規律（157条）における当事者の故意・重過失等の証明を容易にし、当事者に提出期間の遵守を促すものである。なお、立案過程では、時機に後れた攻撃防御方法の却下の規律自体をより強化して、裁判所の準備書面等の提出命令の発令を可能にし、正当な理由なくそれに違反した場合には157条の2と同様の制裁を設ける案なども検討された（中間試案第5の4（注）参照）。ただ、そのような強力な制裁に対しては、当事者の手続権を害するおそれがあり、かえって提出まで長い期間が求められ、審理が長期化しかねない等の懸念も示された結果、上記のように、より穏当な形ではあるが、理由説明義務という形で規律を設けることとしたものである[344]。

341）　なお、上訴審のIT化については、基本的に第1審と同じであり、それは第1審の規律の包括準用（297条・313条）によって賄われている。

342）　争点整理手続の長期化の要因として準備書面の提出期限が遵守されないことが指摘され、その対応策として提出期限遵守のための制裁のあり方が議論されてきた。これについては、たとえば、最高裁判所事務総局「裁判の迅速化に係る検証に関する報告書平成23年7月（施策編）」（2011年）23頁など参照。

343）　部会審議の過程では、裁判所が説明を求めた場合にのみ説明義務が生じる旨の規律とすべきとの意見もあったが、裁定期間を遵守しない場合には当事者がその理由を説明すべきことは当然であるとされたものである。

(2)　和解条項案の書面による受諾

　訴訟上の和解との関係でもいくつかの改正がされている[345]（和解調書の第三者閲覧制限については、本章4(3)(iv)参照）。

　まず、和解条項案の書面による受諾についてである。この制度は、当事者間において実質的に合意が成立しているにもかかわらず、当事者の裁判所への出頭が困難であるために和解を成立させられないという不都合に対応し、当事者が予め和解案を受諾する書面を提出していれば、和解の成立を可能にする制度である。現行民事訴訟法で導入されたものであるが、当時の家事事件における調停条項案の受諾の制度（旧家審21条の2、家事270条1項）を参考にしたものであった。ただ、従来の制度は、①出頭困難の例示として遠隔地要件が定められていた点、②一方当事者の出頭は必要とされていた点において、なお使い勝手が悪いという批判もされていた。

　そこで、令和4年改正では、弁論準備手続等の改正に即して、まず、①遠隔地要件を削除した（264条1項参照）。和解手続もウェブ会議等で行えること（89条2項）を前提にすれば、遠隔地要件はこの手続の利用にとってあまり問題にはならず、むしろウェブ会議等を利用できない環境にある本人訴訟や法人内の意思決定権者がウェブ会議等に応じることが困難である場合などがこの手続の主たる対象になるとすれば、遠隔地居住を受諾和解の要件として例示することは相当でないと考えられたものである。

---

344)　このような規律内容は、争点整理手続終了後の攻撃防御方法の提出の場合と基本的には同様のものである（167条・174条・178条など参照）。弁護士の立場からも、「IT化を契機として病理的な現象が解消することが望まれる」とされるのは、大坪・前掲注(1)32頁参照。

345)　このほか、和解の手続に関与する第三者に係る規律を置くことも検討された（中間試案第11の2(注2)参照）。このような第三者が関与する和解は、実務上広く許容されており、学説上も起訴前の和解に準じるものとする理解が示されているところ、法律上それを明確化する趣旨である。ただ、このような規律を設けるにあたっては、中間試案補足説明にもあるとおり（別冊NBL175号139頁以下参照）、当該第三者の範囲、第三者の訴訟手続における法的地位、その者がすることができる訴訟行為、第三者が参加または離脱する手続要件など様々な論点を検討する必要があるところ、実務運用を阻害しないような形で適切な規律を設けることは困難であり、結局、この点は引き続き実務の運用に委ね、立法は将来的な課題とされたものである（その結果、当該第三者は、記録閲覧との関係でも、利害関係ある第三者として扱われよう）。

　加えて、②一方当事者出頭要件も廃止し、双方当事者不出頭の場合にも受諾和解の利用を可能とした（264条2項参照）。当事者双方が裁判所から提示された和解案を受諾する旨の意思を予め明らかにしている場合[346]にまで、あえて期日を開く必要はないと考えられ、双方当事者不出頭による受諾和解を認めることは当事者の便宜に適い、和解による紛争解決を促進するからである。ただ、この場合には和解の成立の日時が問題になることから、裁判所等は事前に和解が成立すべき日時を定めて、和解条項案を提示する必要があり、その場合に当事者双方が受諾書面を提出した場合において当該日時が経過したときは、当該日時に和解が成立したものとみなすこととしている[347]（同条2項）。これによって、和解の成立日時についての疑義が生じないようにされている[348]。

(3)　和解等に係る電子調書の職権送達

　改正前は、和解や請求の放棄・認諾を記載した調書については、判決書とは異なり、それを職権で送達すべき旨の規定はなく、当事者からの申請を待って送達がされていた。ただ、当事者の送達に関する意向を逐一確認することは裁判所・当事者双方にとって煩雑であるし、和解調書等は訴訟終了効を有し、また強制執行に必要になるものでもあることから、職権で必要的に送達すべきことを求める意見も強かった。

　そこで、和解や請求の放棄・認諾に係る電子調書については、当事者の申出がなくても必ず当事者に送達しなければならないものとされた（267条2項前段）[349]。ただ、このような職権送達については、送達費用の負担が問題とされ

---

346)　なお、裁判所による受諾書面に係る当事者の真意の確認（規163条2項）は、引き続き当然の前提とされる。

347)　その結果、ここで定められた和解の成立の日時までは、当事者は受諾書面を撤回することが可能となると解される。

348)　このほか、立案過程では、実務の現状に即して、当事者の真意の確認を裁判所書記官に委ねる案も検討されたが（部会資料16の6頁以下参照）、真意確認はこの手続の最も重要な点であるので、やはり裁判官が担うべきものとされ、そのような改正はされていない。

349)　この場合の送達の方法については、255条2項（電子判決書の送達方法）が準用されており（267条2項後段）、裁判所書記官が電子調書との同一性を証明した書面（正本と同旨のもの）の送達か、システム送達をするべきものとされている。

た。強制執行に必要な場合は、債権者にとっても送達の費用負担はやむを得ないとしても、その必要がないような場合にまで職権で送達がされ、その送達費用を当事者の負担とすることには疑問も呈された。しかるに、（和解等に係る電子調書に限らず）送達の郵送費用については手数料に一元化され、個別に徴収されることはなくなったため（本章4(4)(ii)参照）、この問題点は解消することになった。

(4)　和解に代わる決定に関する議論

　立案過程では、和解に関する論点としては、和解に代わる決定について大きな議論があった。すなわち、現行法の簡易裁判所にある和解に代わる決定（275条の2）を地方裁判所にも拡大し、その適用範囲も広げようという考え方の当否をめぐる議論である（中間試案第11の2(3)「新たな和解に代わる決定」の甲案参照）。従来は、和解をめぐる協議で相互に歩み寄りが見られたものの、合意成立に至らない場合や、当事者間の関係から、相手方に譲歩することは嫌であるが、裁判所が一定の結論を示してくれれば、それに従ってもよいと両当事者が考えているような場面などにおいて、事件を調停に付して、調停に代わる決定（民調17条）による紛争解決が図られてきたとされる。そこで、一種の便法であるこのような実務運用が担っている機能を、正面から和解に代わる決定として規律することが考えられたものである。

　すなわち、中間試案甲案では、「裁判所は、和解を試みたが和解が調わない場合において、審理及び和解に関する手続の現状、当事者の和解に関する手続の追行の状況を考慮し、相当と認めるときは、当事者の意見を聴いて、当事者双方のために衡平に考慮し、一切の事情を考慮して、職権で、事件の解決のため必要な和解条項を定める決定（以下本項において「和解に代わる決定」という。）をすることができる」との提案が示された（甲案ア）。そして、現在の和解に代わる決定と同様に、当事者の異議申立てにより和解に代わる決定は失効し（甲案ウ）、異議申立てがないときは、同決定は裁判上の和解と同一の効力を有するものとされた（甲案オ）。

　このような提案については、一方で、このような実務運用が有用な場面は

あり、それを活用するためには明文化が望ましいとか、企業内部の意思決定にあたっても裁判所の心証が和解に代わる決定の形で示されるのは有益であるなどの理由で賛成する意見があった。しかし、他方では、訴えの提起は裁判所の判決を求める当事者の意思であるにもかかわらず、裁判所がこのような決定で判決によらずに訴訟を終了させようとすることは望ましくないとか、消費者の立場からその濫用等が懸念されるなどの理由で反対する意見も多く示された。また、理論的な観点から、その対象を無制限にすることに対する懸念も示された。³⁵⁰⁾結果として、中間試案においても、新たな規律を設けない案も明示されていた（中間試案第11の2(3)「新たな和解に代わる決定」の乙案参照）。

最終的には、パブリックコメントの結果も踏まえて、この点に関する新た³⁵¹⁾な規律は見送られたものである。結局、上記のような懸念を払拭できるだけの合理的な適用場面、手続要件、決定内容等に関する具体的な規律を提案することができなかったものである。ただ、その議論の過程では、従来の「付調停＋17条決定」の運用については一定の合理性・有用性が認められることは確認されており、今後も引き続きそれが適切な事案では実務の運用に委ねられることになろう。

(5) 担保取消しにおける権利行使催告の書記官権限化

裁判のIT化に伴って裁判所書記官の事務の最適化はいかにあるべきかについても議論がされた。その中で、いくつかの事務が書記官権限化されたところであるが（その例としては、手数料追納処分（本章2(1)(iii)(b)参照）、電子調書の更正（本章4(1)(ii)参照）、過納手数料の還付（本章4(4)(iii)参照）等の規律を参照）、その1つとして、担保取消しのための権利行使催告に関する規律がある。

訴訟の完結後、裁判所が、担保を立てた者の申立てにより、担保権利者に対し、一定の期間内にその権利を行使すべき旨を催告したにもかかわらず、

---

350) 他方、裁定和解（265条）については対象事件が特に限定されていないことや、多様な事件の中から新たな和解に代わる決定に相応しくない事件を適切に選別することは容易でないこと等の反論も示された。

351) パブリックコメントの結果の概要については、部会資料18の45頁以下参照。

担保権利者が権利の行使をしないときは、担保の取消しにつき担保権利者の同意があったものとみなされる。しかるに、この権利行使の催告は形式的に行われるものであり、判断作用を必ずしも前提とはしないので、それを裁判所書記官の権限とすることが望ましいと考えられた。その結果、改正法では、この権限は裁判所書記官に委ねられたものである（79条3項参照）。

　なお、改正の過程では、より一般的に、担保取消決定（79条）自体を書記官権限化することも検討された[352]（中間試案第17(注)参照）。これは、担保の取消し自体は実体要件の審査を伴うものであるとしても、従来も実体要件の審査を書記官権限化する例は存在しており[353]、現在も担保取消しについては裁判所書記官が実務上主要な役割を果たしていることから[354]、そのような改正が望ましいとの意見があったものである。しかし、裁判所がその司法権の行使として行った担保提供の決定を裁判所書記官の権限により取り消すことができるのかなど理論上・法制上の問題点もあり、結局、この点は実現せず、より形式的な（判断作用を伴わない）権利行使催告のみを切り出して書記官権限化が図られたものである。

(6)　簡易裁判所における特則

　簡易裁判所については、基本的に、地方裁判所と同様の形でIT化されることを前提に[355]、その特則としていかなる規律を設けるべきかが議論された。部会では様々な案が出されたが[356]、最終的には、オンライン尋問について、本則のような一定の要件（本章3(3)参照）を課さず、裁判所が相当と認めるとき

---

352)　特に、同意による担保取消し（79条2項）については、同意書の成立の真否という形式的な審査が中心であり、書記官権限化に馴染みやすいものとされた。
353)　民事執行法における事実到来執行文の付与（民執27条1項）などがその例として挙げられた。
354)　また、裁判所書記官の処分に対して異議があった場合、最終的には裁判所が判断することが担保されている。
355)　第1審訴訟手続に係るIT化の様々な規律のうち、簡易裁判所について適用が排除されるものは存在しない。なお、簡易裁判所の特則（民訴法第2編第8章）に係る条文の（形式的な）修正としては、①システム送達を前提とした準備書面の受領確認の規定（276条3項3号）、②書面尋問に係るオンライン提出の準用規定（278条2項）、③電子判決書の記載事項に関する規定（280条）等がある。

に広く許容する特則が設けられた。すなわち、裁判所は、相当と認めるとき
は、ウェブ会議によって証人または当事者本人の尋問をすることができる
（277条の2）。本則では、証人等の出頭困難事由や当事者に異議がないこと等
がウェブ尋問の要件として求められているが、簡易裁判所では、裁判所が相
当と認める限り、当事者に異議があり、証人に出頭困難な事由がなくても、
ウェブ尋問が利用できる。これは、簡易裁判所においては、もともと書面尋
問も広く可能であること[357]（278条）とのバランスに配慮したものである。

　なお、立案過程ではさらに、ウェブ会議のみならず、電話会議による口頭
弁論期日も可能とする旨の提案もされていた[358]。これは、簡易迅速な手続の実
現という簡易裁判所制度の目的に鑑みたものであり、少額訴訟の手続におい
てはすでに電話会議による証人尋問等も認められていること（372条3項）も
考慮したものであった。ただ、部会審議においては、本人確認を十分に行う
ことが困難であることや、そのような手続が公開原則の要請を満たすものと
は言い難いこと等からなお慎重な意見も多く、結局、ウェブ会議等による口
頭弁論の導入後もなお電話会議による手続を認めるニーズがあるかどうか等
について、改正後の実務状況等も踏まえた将来的な検討課題とされたもので
ある。

(7)　土地管轄・移送に関する議論

　以上のほか、土地管轄については、現行法が維持された。IT化は、その性
質上、距離の障壁を緩和するものであるので、土地管轄にも一定の影響を与
えうる旨は議論の当初から意識はされてきた。ただ、この点については、検
討の当初からほぼ一貫して現行法の規律を維持するものとされてきた（中間
試案第13参照）。もちろん、オンライン申立てやウェブ会議を利用した期日等

---

356)　特に、簡裁代理権を有する司法書士を代表する司法書士会から、いくつかの具体的な改正提
　　案がされたところである。

357)　本則では当事者に異議がないことが書面尋問の要件とされているが（205条）、簡易裁判所で
　　は相当性の要件に緩和されている（278条）。

358)　中間試案補足説明・別冊NBL175号157頁参照。部会審議の終盤段階でも、なお当事者に異
　　議がないことを要件に、そのような規律の採用が模索されていた（部会資料26第4の1参照）。

によって当事者が裁判所に出頭する必要がない場面が増加することは間違いなく、たとえば、被告の住所地等（普通裁判籍）を基本とする土地管轄のあり方（4条参照）を見直すことも考えられた。しかし、個々の事件の性質や期日において予定されている審理の内容等によっては当事者が裁判所に現実に出頭する必要がある場面はなお残るし、また当事者の出頭の意向がある場合にはそれを尊重することが望ましい。そのような点を総合的に勘案して、土地管轄に関する規律を現段階で改正する必要はないと判断されたものである。[359]

　ただ、IT化の進展により、今後、管轄に関する法解釈に影響する側面は出てくるかもしれない。たとえば、裁量移送（17条）についての裁判所の判断の中では、IT化によって当事者や証人が裁判所に出頭する必要性が減少し、またオンライン検証が可能になること（本章3(4)(i)参照）等によって、証人や検証物の物理的所在が過度に重視されなくなるような形で、移送の判断に影響を及ぼすことは考えられないではなかろう。[360]　いずれにせよ、中長期的には、物理的な「場所」という要素が徐々に重要性を失うことは（社会のあらゆる局面と同様）裁判においても避け難い動向となっていく可能性はあろう。[361]

(8)　障碍者に対する手続上の配慮に関する議論

　民事訴訟のIT化に伴い、障碍者に対する手続上の配慮に関して明文規定を設けるべきではないかという議論があった[362]（中間試案第18参照）。一般的にいえば、民事訴訟のIT化は、たとえば、書面によるやりとりがデータ化されることにより、当該データが音声読み上げ機能に対応したファイル形式であれば、視覚障碍者等にとってその内容の把握が容易になったり、[363]　期日がウェブ

---

359)　中間試案補足説明・別冊NBL175号156頁によると、部会においては、このような考え方について反対する意見は特になかったとされている。

360)　現行法でも、証人のテレビ会議システムによる尋問の可能性を17条移送の判断の中で考慮すべきかといった問題があるが、これについては、大江忠＝加藤新太郎＝山本和彦編『手続裁量とその規律』（有斐閣、2005年）84頁以下［山本和彦］など参照。

361)　長期的には、そもそも裁判所の物理的所在そのものにあまり意味がなくなる時代（バーチャル裁判所）がやってくることも十分に考えられよう。

362)　部会の審議過程でもこの点は重要な課題として認識されており、障碍者団体や障碍者を支援する弁護士のヒアリング等も行われた。

会議化されれば、身体障碍者等にとって期日への出頭の負担が軽減されたり
することが考えられ、障碍者の手続保障に資する面があることは間違いない。
ただ、他方で、IT化が障碍者の司法アクセスを阻害することがあってはなら
ず、あるいはより一般的には障碍者の司法アクセスの向上を図る必要がある
ことにも異論はない。そこで、民事訴訟法にこの点に関する何らかの明文規
定を設けることが検討されたものである。[364]

　1つは、民事訴訟法の総則において、障碍者に対する手続上の配慮を行う
べき旨の一般的な規定を置くという提案である。このような配慮を行うべき
ことそれ自体について、異論はないものと思われる。ただ、それを明文化す
ることについては、主として法制的な観点から問題点が指摘された。一方で
は、既存の規定、たとえば、障害者基本法上国に配慮義務が課されているこ
と（同法29条）や、民訴法2条における裁判所の訴訟公正追行義務の内容とし
て障碍者に対する配慮が当然に含まれていると解されること等から、上記の
ような規定は重複的なものになるとされた。他方では、そのような配慮の対
象として障碍者のみを挙げることが相当か、その場合他の配慮対象者（高齢
者、外国人等）についても規定を置かなくてよいかなどの問題が生じうる。そ
こで、このような規律は結果として断念されたものである。

　もう1つは、より具体的な規律として、障碍者の意思疎通を支援する者の
手続関与を認める旨の明文規定を置くという提案である。現在も、耳が聞こ
えない者や口がきけない者については、通訳人を立ち会わせることができる
旨の規律が置かれている（154条1項）。そこで、それ以外の障碍者、たとえば
知的障碍者や精神障碍者等についても、その障碍特性に応じた意思疎通支援

363）　この点、最高裁判所規則において、当事者が提出したファイル形式と異なる他のファイル形
　　式の電磁的記録、特に音声情報に変換可能な情報を有する電磁的記録を当事者が有していると
　　きは、裁判所はその提供を求めることができる旨の規律を設けることが考えられよう（部会資
　　料23第1の1（注2）参照）。
364）　以下のような規律のほか、障碍者の手続上の配慮のための費用を国庫負担とすることも求め
　　られた。ただ、この問題は民事訴訟法固有の問題というよりは、民事法律扶助の問題として位
　　置付けられよう。実際、総合法律支援法においても、特定援助対象者に対する法的援助が拡大
　　されてきているが（同法30条1項2号イ(1)など参照）、そのさらなる拡大は法律扶助制度の今
　　後の課題であろう。

者の配置を規定すべきではないかという趣旨である。もっともな提案ではあるが、現行法上も、当事者は補佐人とともに期日に出頭することは可能とされており（60条）、上記のような支援者を必要とする場合には、この補佐人制度を活用することが可能であると考えられる。そうすると、あえて新たな規定を設ける必要まではないということになる。

　以上のように、今回は新たな規定を設けることはされなかった。ただ、部会審議を通じて、裁判のIT化の中で障碍者の司法アクセスを十全なものにすることの重要性には全く異論はなかった。その意味で、（明文規定は置かれなかったものの）障碍者の司法アクセスの改善に向けてIT化のメリットを最大限発揮できるよう、今後開発されるシステム等を障碍者にとって使いやすいものとしていくことが極めて重要な課題となろう。

(9)　人事訴訟におけるウェブ会議等

　人事訴訟におけるIT化のあり方については、一般的には、民事訴訟のIT化を踏まえた他の民事裁判手続のIT化の議論に委ねられた（第3章1(3)(v)参照）。ただ、そのような検討に先行して、令和4年改正の整備的な改正において対応がされた部分もある。それがウェブ会議に関する改正点である。[365]

　まず、民事訴訟手続一般と同様、人事訴訟についても、87条の2を適用して、ウェブ会議の方法を利用して、当事者が口頭弁論に参加することが認められている（人訴29条2項参照）。[366]ウェブ会議の方法による出席という利便性は人事訴訟においても同様に認められることは言うまでもなく、本人訴訟の場面を考えれば、人事訴訟の当事者においてむしろよりニーズが高いということは十分に考えられるからである。[367]

---

365)　このような対応がされたのは、他の民事裁判手続における期日との関係で、家事事件においては、すでに電話会議が利用できることとされており、ウェブ会議の利用も実際に運用で進められているところ、同じ家庭裁判所が担当する人事訴訟についても、ウェブ会議の利用が望ましい点が考慮されたのではないかと思われる。ただ、施行時期については特則が定められている点につき、第1章注(85)参照。
366)　同項では、総則の訴訟手続に係る民事訴訟法の規定の適用除外を定めているが、87条の2は適用除外とされていない。

　また、改正前は、離婚等の人事訴訟において和解をする場合には、当事者が現実にその期日に出頭する必要があり、電話会議等の方法で和解および請求の認諾（以下「和解等」という）を成立させることはできないものとされていた（人訴旧37条3項）。これは、電話会議システムを前提とした場合、顔が見えない等のために当事者の真意の確認が現実の期日に比べて困難であり、人の身分関係に関係する人事訴訟において、そのような方法で和解等を成立させることは望ましくないと判断されたからである。[368]　しかし、顔の見えるウェブ会議であれば、そのような懸念はあたらず、真意の確認に特に問題はないと考えられる。そこで、令和4年改正では、電話会議においては引き続き和解等を成立させられない（人訴37条3項本文）[369]ものの、ウェブ会議の場合をその例外として和解等の成立を認めることとした（同項但書）。これによって、当事者の利便性の促進が期待できよう。

　そして、同様の考慮は、家事調停手続において、離婚等の調停や合意に相当する審判における合意を成立させる場合にも同様に妥当する。そこで、家事事件手続についても、電話会議による調停の成立や合意に相当する審判における合意の成立はできないものの（家事268条3項本文、277条2項本文）、ウェブ会議についてはその例外を認めたものである（家事268条3項但書、277条2項但書）。

---

367)　人事訴訟の当事者は当然のことながら常に自然人であり、また離婚等の紛争を抱えている人は、育児や介護等で平日に裁判所に出頭することが困難である者も多いことが想定されよう。

368)　高橋宏志＝高田裕成編『新しい人事訴訟法と家庭裁判所実務』ジュリ臨増1259号（2003年）109頁［小野瀬厚］参照。

369)　フェーズ3においては、人訴法37条に新たに2項が加えられるため、4項に項ズレする（ただ、令和5年改正が施行されれば、その2項が削除されるため、再び3項に戻るという複雑な経緯をたどる）。

第3章
さらなる IT 化の展開

　民事訴訟の IT 化を実現する令和 4 年改正は大きな意義を持つ立法であった。しかし、より大きく紛争解決という視野で考えたとき、なお残されている課題も多い。

　まず、民事訴訟以外の民事裁判手続全体における IT 化の問題がある[1]。民事裁判手続には、民事訴訟以外にも、民事執行事件、民事保全事件、倒産事件（破産事件、民事再生事件、会社更生事件、特別清算事件、外国倒産手続の承認援助事件等）、人事訴訟事件、非訟事件、民事調停事件、労働審判事件、家事事件（家事調停事件、家事審判事件、ハーグ条約実施法関係事件）、仲裁関係裁判事件など実に様々なものがある[2]。これらの裁判手続についても、民事訴訟と同様に、多かれ少なかれ IT 化に対するニーズがあることは間違いない。そこで、これらの手続におけるさらなる IT 化の展開が課題となるが、後述のように、この点の検討が必要となるところである。

　また、紛争解決手続全般ということになれば、裁判外の紛争解決手続（ADR）等における IT 化も問題となりうる。この点は、ODR（Online Dispute Resolution）などと呼ばれるものであり、IT 化に基づき紛争解決のあり方全体に革命的なイノベーションをもたらす潜在的な可能性ももつ。まさに、民事司法全体の DX（デジタル・トランスフォーメーション）化ともいうべき展開である。この点においても、民事司法の IT 化同様、従来、日本は世界に立ち

---

[1]　司法全体で見たときは、さらに刑事裁判手続の IT 化の問題もあり、この点についても近時議論が進められているが、ここではその紹介は省略する。この問題については、鷦鷯昌二「刑事手続における情報通信技術の活用に向けた法整備の在り方の検討状況等」法の支配 208 号（2023 年）136 頁以下など参照。

[2]　以上は法務省が所管している裁判手続であるが、それ以外にも、他省庁が所管するものとして、更生特例法上の倒産手続（金融庁）、消費者裁判手続特例法上の手続（消費者庁）、発信者情報開示命令手続（総務省）などさらに多数の民事裁判手続が存在する。

遅れたところがあったが、近時、積極的に ODR を推進していこうとする政策が採用されているところであり、今後の展開が注目される。

さらに、IT 化の域に止まらないが、紛争解決における新技術の活用という観点から、近時やはり注目されているものとして、AI（人工知能）の利用という点がある。AI の活用は、現在、社会のあらゆる分野で進められているところであるが、当然、司法においてもその活用が問題になりうる。具体的には、紛争解決に関するビッグデータを基礎として、紛争解決結果を AI で予測し、それを紛争当事者に提供することで、自主的な紛争解決を促進するサービスを提供するといった事業や活動である。これによって、当事者間の相対の紛争解決を含めて、社会の紛争解決全体の適正化が図られるとともに、紛争解決において誰も取り残されない社会の実現が可能となりえよう。

以下では、以上に述べたような、令和 4 年改正後のさらなる IT 化の展開という観点から、民事訴訟以外の民事裁判手続の IT 化（1参照）、裁判外の紛争解決手続における IT 化、すなわち ODR の展開（2参照）、紛争解決における AI の活用とその基盤整備（3参照）といった問題について、順次概観していく。

1 他の民事裁判手続の IT 化——令和 5 年改正

(1) 民事訴訟以外の民事裁判手続における IT 化の議論

民事訴訟以外の民事裁判手続の IT 化においては、民事訴訟法の令和 4 年改正が 1 つのモデルとなることは間違いないが、それぞれの手続に独自のニーズや仕組みも考えられるところである。たとえば、倒産事件では、多数の利害関係人が関与する中、オンラインによる債権届出やウェブ会議による債権者集会などは大きな利便をもたらすであろうし、家事事件では、DV 事案などでウェブ会議を活用したり、オンラインでの親子の面会交流を行ったりするなどのニーズもあると思われる。諸外国でも IT 化は実際は倒産事件や家事事件などで先行した面もあるとされており、これらの事件でも IT 化が進んでいくことで、司法が国民にとって身近なものになることが期待され

よう。

　そこで、民事裁判手続一般について IT 化が必要であるとの認識の下、[3]
2021 年 6 月に閣議決定された「成長戦略フォローアップ工程表」および「規
制改革実施計画」においては、家事事件手続、民事保全、民事執行、倒産手
続等の IT 化に関する検討を継続し、2022 年度中に一定の結論を得ること
とされた。また、同年 12 月に閣議決定された「デジタル社会の実現に向けた重
点計画」においては、その点に関し、令和 5 年（2023 年）の通常国会に必要な
法案を提出することとされた。そのため、2021 年 4 月、商事法務研究会に「家
事事件手続及び民事保全、執行、倒産手続等 IT 化研究会」が設置され、民事[4]
手続法研究者や弁護士がメンバーとなり、オブザーバーとして司法書士が、
さらに関係省庁として最高裁判所および法務省が参加し、この問題に関する
論点整理等の議論が進められた。同研究会は、同年 12 月、報告書を作成・公
表した。

　このような動向を受けて、令和 4 年改正法案の国会提出と前後する形で、
2022 年 2 月、その他の民事裁判手続の IT 化についても、法務大臣から法制
審議会に対して諮問がされた（法制審議会諮問第 120 号）。具体的には、「近年に
おける情報通信技術の進展等の社会経済情勢の変化への対応を図るとともに、
時代に即して、民事執行手続、民事保全手続、倒産手続、家事事件手続といっ
た民事・家事関係の裁判手続をより一層、適正かつ迅速なものとし、国民に
利用しやすくするという観点から、これらの手続に係る申立書等のオンライ
ン提出、事件記録の電子化、情報通信技術を活用した各種期日の実現など法
制度の見直しを行う必要があると思われるので、その要綱を示されたい」と
いう諮問事項であった。このような諮問についての調査審議のため、2022 年
4 月、新たに法制審議会「民事執行・民事保全・倒産及び家事事件等に関す
る手続（IT 化関係）部会」が設置された。同部会においては、同年 8 月に「民[5]

3）　当初は、民事訴訟法改正の整備法として、関連手続の IT 化を図るという構想もあったよう
　　であるが、それぞれの手続ごとに新たな論点が多く見出された結果として、慎重を期して、独
　　自の法改正を検討することになったものと思われる。
4）　筆者は同研究会の座長を務めた。

事執行・民事保全・倒産及び家事事件等に関する手続（IT 化関係）の見直しに
関する中間試案」がとりまとめられ、同年 10 月までの間、パブリックコメン
トの手続に付された。その後、パブリックコメントに寄せられた意見等も踏
まえてさらに審議が続行され、合計 17 回の会議を経た後、2023 年 1 月、要綱
案がとりまとめられた。その後、同年 2 月の法制審議会総会において要綱が
採択され、直ちに法務大臣に答申されるに至ったものである。

　以上のような法制審議会の審議を経て、法務省は各種民事手続法の改正法
案の策定に向けた準備作業を進め、2023 年 3 月、「民事関係手続等における
情報通信技術の活用等の推進を図るための関係法律の整備に関する法律案」
を国会に提出したところである。そして、最終的には、同年 6 月 6 日、同法
案は国会で可決成立し（令和 5 年法律第 53 号）、同月 14 日に公布されるに至っ
ている。その施行時期はやはり規律内容によりまちまちではあるが、その主
要な部分は、公布から 5 年以内に施行される（後述(3)も参照）。[6]

(2)　その他の民事裁判手続の IT 化の論点

　その他の民事裁判手続の IT 化についても、その性質に反しない限り、基
本的には民事訴訟法の IT 化に関する規律が通用するものと考えられる。こ
れらの法律の多くには、そもそも民事訴訟法の規定が包括準用されているし[7]
（民事執行法、民事保全法、倒産法等）、非訟事件である手続に係る法律（非訟事
件手続法、家事事件手続法、民事調停法、労働審判法等）も、民事手続であるこ
とに変わりはなく、やはり基本的に民事訴訟法の規律が妥当する部分が少な
くない。その意味で、令和 5 年改正法は、民事訴訟法の IT 化改正（令和 4 年

---

5)　筆者は同部会の委員・部会長を務めた。

6)　その結果、この法律は 2028 年（令和 10 年）6 月までに全面施行されることになる。これは、
　　民事訴訟法におけるフェーズ 3 の実施（令和 7 年度中の施行が想定）から、約 2 年の間隔を空
　　けて実施するということになる。民事訴訟における改革の定着を確認した後に、裁判所のシス
　　テムの整備も含めて、それ以外の手続の改革を進めていくという趣旨であろう。

7)　また、人事訴訟については民事訴訟法が適用され、人事訴訟法ではそれに対する特則のみが
　　規定されているので、適用除外規定を設けない限り、民事訴訟法の IT 化関係の規律がそのま
　　ま適用されるという構造になっている。

改正）を横目に見ながら、それぞれの手続の特徴に鑑み、それとの「偏差」を
探っていくという検討方法になったものである。

　ただ、もちろん、その他の民事裁判手続には民事訴訟とは異なる点も決し
て少なくなく、それらの手続に固有の課題も存在する。そのような場面につ
いては、当然のことながら、民事訴訟法の規定内容にかかわらず、それぞれ
の手続の特則を適切に考え、規定していくべきことになる。そして、それら
の固有の論点の中には、各手続において共通するものも少なからずあると思
われる。そこで、以下で各手続の IT 化（後述(3)参照）について紹介する前に、
そのような各手続に共通する（民事訴訟とは異なる）論点について簡単に紹介
する。

（i）　オンライン申立ての義務化の範囲——裁判所によって選任された者

　まず、オンライン申立ての義務化の範囲の問題である。民事訴訟法におい
ては、委任による訴訟代理人（弁護士等）や国・地方公共団体の代理人につい
て、オンラインによる申立てが義務化された。これに加えて、その他の民事
裁判手続においては、裁判所から選任された様々な主体が存在するところ、
それらの者を義務化の対象とすべきかどうかという点が固有の論点となった。
このような者は、全くの私人（民間）と裁判所の機関（公的主体）の両側面を
もった主体であり、義務化によって IT 化の促進や裁判所の事務の効率化に
協力を求めるという考え方もありえないではない。他方で、これらの者は（法
律家には限られず）様々な背景を有する者から選任されることがあり、イン
ターネットの利用可能性が事実上その選任資格になってしまうことは相当で
ないという見方もある。

　そのような観点から議論がされた結果、破産手続における破産管財人、再
生手続における監督委員・管財人、会社更生手続における管財人など倒産手
続の機関については、オンライン申立てが義務化されることになった。この
ような手続機関が各倒産手続において担っている職務は重要かつ幅広いもの
であり、その IT 化の必要性は大きい一方、これらの者は実際上ほぼすべて
弁護士から選任されていることを考えれば[8]、オンライン申立てを義務化する

ことに障害は少ないと考えられたからである。他方、民事執行における評価人（民執58条1項）、強制管理・担保不動産収益執行の管理人（民執94条1項・180条2号）、船舶執行の保管人（民執116条1項）、家事事件における成年後見人、保佐人および補助人、相続財産管理人および相続財産清算人、不在者財産管理人等については、様々な議論があったものの、最終的には義務化の対象にはしないとの結論に至った。これらの者は必ずしも弁護士から選任されるものとは限らず、上記の消極説の理由が重視されたものであろう。[9]

(ii) 提出書面等の電子化の範囲——電子化の例外

次に、提出書面等の電子化の範囲の問題である。IT 化の下でも（当事者本人等から）書面の提出がされた場合には、民事訴訟においては裁判所書記官がその書面を電子化することになっている。これによって、訴訟事件記録の全面デジタル化が実現し、オンラインによる事件記録の閲覧やダウンロードも可能になる。他方、その他の民事裁判手続の様々な事件類型では、事件記録への頻繁なアクセスを認める必要性が必ずしも大きくなく、当該事件において裁判所に提出される書類が戸籍謄本など他の方法でも取得できるものが中心であり、裁判所書記官にデジタル化の事務負担をかけるに値しないような事件も存在するとされる。そこで、上記のような全面電子化の規律から一定の事件類型を除外することが必要か、また相当かが議論されたものである。

中間試案の段階では、この点について様々な可能性が模索されていた。すなわち、個々の事件における電子化を裁判所の裁量に委ねる案、原則として電子化を求めながら電子化のニーズが少ない事件をその例外とする案、逆に

8） ただ、会社更生における管財人（いわゆる事業管財人）は、必ずしも弁護士から選任されるわけではなく、事業者等から選任される場合も少なくない。ただ、会社更生では、実際上、管財人業務は更生会社の職員等によって補助されていることから、オンライン申立てを義務付けることに障害はない（オンライン申立ての能力が管財人選任資格となることはない）と解されたものであろうか。

9） このうち、民事執行の評価人は不動産鑑定士、管理人は執行官から選任されることが通常であることから、義務化を図る余地はなおあったようにも思われる。しかし、そのような選任は破産管財人等と比べると確実なものではなく、またこれらの業種も弁護士等と比較して、常にオンラインへの協力が期待できるものではないことによろうか。

特に電子化のニーズが高い事件についてのみ電子化を求める案、利害関係人から閲覧等の申出があった場合に電子化を求める案、電子化の例外要件を拡充する案など様々な案が提示・検討されていたものである[10]。ただ、最終的には、家事事件を除き、基本的にはすべての事件について電子化の対象とすることとされた。家事以外の手続では、例外の対象を定型的に限定することは困難であり、電子化の利便がその負担に勝ると考えられたものである。これに対して家事事件については、別表第1に掲げる事件についての審判事件であって最高裁判所規則で定めるものについては、電子化の例外とすることとした[11]。後述のように（(3)(vi)参照）、一部の事件類型においては、電子化のデメリットがメリットを上回る場合があると判断されたものであるが、その範囲については、法律で別表第1事件に限定し、さらに最高裁判所規則で事件類型を規定するものとして、恣意的に電子化からの除外がされることを慎重に排除している。

(iii)　期日におる電話会議の許容の範囲

さらに、期日におけるウェブ会議・電話会議の範囲の問題である。すなわち、民事訴訟法においては、口頭弁論についてはウェブ会議に限定され、電話会議は認められないが（87条の2第1項）、争点整理については、広く電話会議が許容されている。また、口頭弁論に代わる審尋についてもウェブ会議と電話会議の双方を認めているが（87条の2第2項）、証拠調べとしての審尋については、原則としてウェブ会議としながら、当事者の異議がない場合には電話会議の利用も認めるという規律となっている（187条3項）。他方、民事訴訟以外の民事裁判事件はその多くが決定手続であり、口頭弁論以外の審理手続が重要となる[12]。そこで、その手続について、どのような規律とするのか（どの範囲で電話会議を認めるのか）が重要な論点となったものである。

---

10)　たとえば、民事執行との関係で、中間試案第1の2(1)の(注)など参照。

11)　審判前の保全処分も含むものとされる。

12)　なお、人事訴訟は判決手続であり、口頭弁論が前提となり、基本的には民事訴訟法が適用されるので、民事訴訟法と同様の規律とされている。

　この点に関し、その他の裁判手続において中心的な期日となる審尋期日について、一般的な規律としては、民事訴訟法における口頭弁論に代わる審尋期日と同様に、ウェブ会議と電話会議の双方を認めることに異論はなかった。問題は、重要な審尋手続（民事保全における仮の地位を定める仮処分や保全異議等における審尋）や、非訟事件や家事事件において当事者が立会権を有する審問期日（借地借家 51 条 2 項、家事 69 条等）などであり、これらについては、電話会議を認めず、ウェブ会議に限定すべきであるとの意見も示されたところである。ただ最終的には、このような場合も、ウェブ会議に対応できない当事者の立会権の保障や迅速性の確保の要請から電話会議が望ましい場面も存在しうるし、実務上は当事者に対する簡単な言い分の確認などで済む期日もあることなどから、電話会議によるべき場合がないとはいえないとされた。その結果、法律上はこのような期日についても電話会議を認めながら、その選択については最終的には個別事件での裁判所の適切な裁量に委ねることとしたものである。

(iv)　裁判所外設置端末からの記録の閲覧等の範囲

　最後に、電子化された事件記録の裁判所外からの閲覧等の範囲の問題である[13]。民事訴訟においては、当事者や利害関係人は原則としていつでも裁判所外から訴訟事件記録を閲覧およびダウンロードすることができる一方、それ以外の第三者は裁判所において閲覧ができるに止まる。他方、それ以外の民事裁判手続の多くはそもそもその審理が非公開とされており[14]、事件記録の閲覧等についても全く異なる規律が前提となってくる。ただ、事件記録の閲覧等を請求できる主体の範囲やその要件・手続等については、各手続で相当に異なる規律がされているため、各手続ごとの検討が必要となるものの、一般的には、閲覧等の対象を当事者や利害関係人に限定し、裁判所の許可を前提

---

13)　なお、これらの点については、民事訴訟の場合と同様、規則事項も多く、最終的な規律内容は最高裁判所規則の制定を見守る必要がある。

14)　この点についても、判決手続である人事訴訟は例外であり、民事訴訟と基本的には同様の規律がされている（ただし、非公開審理の可能性については、人訴 22 条参照）。

に閲覧等を認めるという仕組みがとられている。そこで、そのような法制の
下で、民事訴訟の場合とはどのような形で異なる制度を仕組むかが問題と
なった。

この点において、まず、たとえば破産手続における破産債権者等に代表さ
れるように、一部の事件類型では裁判所外からの閲覧を可能とすることにつ
いて強いニーズがあった。他方で、当事者にすら閲覧許可の手続を求めてい
る法制の下では、裁判所外からの閲覧等をどの範囲で認めることができるか
が問題となりうる。そこで、最終的には、各手続ごとに個別の解決が図られ
たものであるが、まず破産手続においては、いわゆる「いつでも閲覧」の対
象として（破産管財人等のほか）すでに閲覧が認められた債権者を加えるもの
として、前述のようなニーズに応えようとした。他方、家事事件等の（当事者
でも閲覧に裁判所の許可を要する）非訟事件については、「いつでも閲覧」の範
囲を制限することとした。すなわち、すでに裁判所の許可があった記録、自
己の提出した書面、電子裁判書等のみを「いつでも閲覧」の対象とすること
で決着した。これらは、当事者が当然に閲覧できるはずの記録であり、あえ
て裁判所の許可は要しないと解されるため、無制限に閲覧を認めても差し支
えないと解されたものである。これら以外のものについては、裁判所の許可
の運用の問題として整理されたものである（考えられる運用の内容については、後
述(3)(vi)(f)など参照）。

(3) その他の民事裁判手続のIT化の改正法の概要

以上が各手続に共通する論点に関する議論とそれに対する対応結果である
が、以下では、個々の手続について、令和5年改正法の最終的な規律の中身
がどのようになったのかを簡単に確認したい。各手続に重複する部分が多い

15) 細かな点で、当事者にも許可を求めるかどうかとか、閲覧等を許可する要件として何を求め
るかなどは手続ごとに一定の偏差がある。
16) 以下では、部会要綱でも挙げられた代表的な法律について紹介するが、このほかにも、仲裁
法、特定調停法、金融機関更生特例法、プロバイダー責任制限法、DV保護法、ADR法、会社
法、信託法、消費者裁判手続特例法など何らかの民事裁判手続規定を有する法律は、すべて令
和5年改正の対象とされている。

ことは前述のとおりであるが、一応それぞれの手続に関心のある読者がその部分だけを読んでも規律内容の大要が理解できるように、あえて繰り返しを厭わず、完結的にそれぞれの規律内容を紹介する。他方、解釈論等にわたる部分には踏み込まず、規律の概略の紹介に止めることとしたい。

なお、令和5年改正の施行時期についてであるが、原則としては、公布の日（2023 年 6 月 14 日）から起算して 5 年を超えない範囲内において政令で定める日から施行される（したがって、2028 年 6 月までに施行されることになる）。令和 4 年改正のフェーズ 3 が 2026 年 5 月までに施行されることになるので、それから約 2 年後に令和 5 年改正の施行に至ることになる。これは、上記フェーズ 3 の円滑な施行を確認して、余裕をもって、次の段階である民事訴訟以外の民事裁判全体の IT 化の実現を図っていこうとする趣旨であろう。ただ、①民事執行法等との関係で、債務名義のデジタル化を図る改正等については、公布日から起算して 1 年 6 月を超えない範囲で政令で定める日（2024年 12 月まで）、②民事執行法等との関係で配当に期間方式を加える改正、人事訴訟法等との関係で参与員等に電話会議等による関与を認める改正等については、令和 4 年改正の施行日（フェーズ 3 の実施と同日）に施行されるものとして、一部前倒しされている点に注意を要する。

（i）民事執行手続の IT 化[17]

（a）オンライン申立て

民事執行法においては、132 条の 10 の規定と同様に、すべての裁判所に対し、インターネットを用いて申立て等をすることを可能にする（民執 19 条の 2）[18] とともに、132 条の 11 と同様に、委任を受けた代理人等については、オンラ[19]

---

17) 早い段階でこの問題を論じたものとして、内田義厚「民事執行手続における IT 化の意義と課題」法時 91 巻 6 号（2019 年）29 頁以下など参照。

18) なお、動産執行や不動産明渡執行など執行官が執行機関となる執行手続など執行官に対する申立て等についても、同様にオンライン申立てを可能としている（民執 19 条の 6 など参照）。以下のような規律についても、執行官が執行機関である執行手続等にも同様に妥当することとなる。

19) やはり民事訴訟同様、許可代理（民執 13 条 1 項等）の場合は除かれる。

イン申立て等を義務化する[20]（民執19条の3）。なお、オンライン申立て等にあたっては、システム上のフォーマット入力の方式の導入につき、最高裁判所規則等において検討するものとされている。

　(b)　**提出された書面や裁判書等の電子化**

　書面申立て等で裁判所に提出された書面については、民事訴訟同様、裁判所書記官が電子化してファイルに記録することが原則となる[21]（民執19条の4、民執19条の5）。この点につき、一部書面について電子化の例外を設けることが議論されたが、前述のように、執行手続においては（民事訴訟と同様の営業秘密や秘匿事項に関する部分等（民執19条の5第1項参照）を除き）そのような例外は設けられなかった（(2)(ii)参照）。また、裁判書や調書・配当表等については、民事訴訟法の包括準用規定（民執20条）により、全面電子化され、そのまま電磁的事件記録になることが想定されている（電子物件明細書につき民執62条、電子配当表につき民執85条など参照）。

　(c)　**期日におけるウェブ会議・電話会議の利用等**

　期日については、口頭弁論期日および審尋期日については、民事訴訟と同様の規律とされる（民執20条による87条の2および187条3項・4項の準用）。他方、民事執行に特有の期日としては、売却決定期日（民執旧69条）、配当期日（民執85条）、財産開示期日（民執199条）がある。このうち、まず、売却決定期日については、これを廃止し、売却の許可・不許可に関する意見陳述期間を設け（民執70条2項）、その間に陳述された意見を受けて、売却決定の日において売却許可または不許可の決定を執行裁判所がする仕組みに一元化された（民執69条参照）。他方、配当期日は残存し（民執85条の3）、ウェブ会議または電話会議によることを可能としたが（民執86条）、それとは別に、異議申出期間の制度を設け、配当をすることを可能とする（民執85条の2）とともに、この期間方式を原則として、特に配当期日による「必要があると認めるとき」に限り、

---

20)　これに対し、管理人など裁判所が選任する者については義務化の対象外とされたことにつき、前述(2)(i)参照。

21)　なお、やはり民事訴訟同様、電子化することに困難な事情があるものや秘匿決定があったもの等は除かれる。

期日方式によるものとされた（民執85条の3第1項参照）。最後に、財産開示期日については、申立人の手続関与はウェブ会議または電話会議によって可能とする（民執199条の2）一方、債務者（開示義務者）については、証人尋問の場合と同様（第2章3(3)参照）、出頭困難事由がある場合や当事者に異議がない場合等に限って例外的にウェブ会議によることが可能とされる[22]（民執199条の3）。

(d) 電子化された事件記録の閲覧等

事件記録の閲覧・複写（ダウンロード）等の請求主体の範囲（利害関係人に限ること）および裁判所書記官への請求を要する点（民執17条）は、電磁的事件記録との関係でも維持される（民執17条の2）。そして、最高裁判所規則において、①利害関係人は裁判所外設置端末を用いて閲覧等を請求することができること、②事件当事者（申立債権者および債務者）は、いつでも（個々の請求なしに）事件の係属中に裁判所外設置端末を用いた記録の閲覧・複写（ダウンロード）ができること、③利害関係を有する債権者として一度閲覧等が認められた者も、その後はいつでも事件の係属中に裁判所外設置端末を用いた記録の閲覧・複写（ダウンロード）ができることが定められる予定である。

(e) 送達等

システム送達および公示送達について、民事訴訟法の規定（109条～109条の4、111条）が包括的に準用されている（民執20条）。

(f) 債務名義の正本の提出に関する規律の見直し

現行法上、強制執行の申立てをする債権者は、執行裁判所等に対し、債務名義の正本を提出する必要がある。しかし、債務名義が電子判決書や訴訟上の和解を記録した電子調書など裁判所のサーバーに記録されたものである場合には、申立債権者にあえてそのような書面の提出を求めなくても、執行裁判所や執行官は事件管理システムを通じて直接債務名義の存在・内容を確認することができる。そこで、強制執行の申立債権者の利便を図るため、債務

---

22)　これは、債務者に対して真実に基づく財産開示をさせるためには、裁判所の面前への出頭を原則としながら、必要がある場合や当事者が容認する場合に証人と同様の便宜を図ることが相当と考えられたことによる。

名義が裁判所においてデジタル化されたものである場合には、強制執行は電子化された記録事項証明書に基づき実施され（民執25条）、かつ、債権者は当該債務名義に係る事件を特定するために必要な情報を提供することで足り、債務名義に係る記録事項証明書の提出は不要とされた（民執18条の2）[23]。

(g)　その他——配当留保供託

ITを活用した証拠調べ手続（231条の2、232条の2等）、費用額確定処分の申立期限[24]（71条2項）、申立手数料不納付の場合の申立書却下の手続（137条の2）、電子調書の更正（160条の2）等についても、民事訴訟法の規定が準用されている（民執20条）。

民事執行手続に特有のものとして、配当留保供託（民執91条1項）について新たな規律が設けられている。すなわち、配当留保供託がされた場合の供託に係る債権者は、供託事由が消滅した場合には直ちにその旨を裁判所に届け出なければならないこと（民執92条3項）を前提に、供託日から上記届出がないまま2年を経過したときは、供託事由が消滅しているか否かの届出等の催告を行い（同条4項）、債権者が催告を受けた日から2週間以内に届出をしないときは、執行裁判所は、当該債権者を除外して配当等を実施する決定ができるとされた（同条5項）。これは、仮登記がされた抵当権者等のために配当留保供託がされたものの、当該抵当権者等がそれを放置したまま長期間が経過するような事案が少なからずあることに鑑み、このような事態を解消して、必要な追加配当等を迅速に行うことができるようにしたものである。

---

23)　なお、債務名義との関係では、今回の民事裁判手続のIT化と直接の関係はないものの、公証人の作成する公正証書のデジタル化も図られており（公証人法36条によれば、公正証書は原則として電磁的記録をもって作成されるものとされ（同条1号）、電磁的記録によることが困難な事情がある場合に限って書面による（同条2号）こととされている）、その結果、執行証書についても、電磁的記録が債務名義とされる余地が認められている（民執25条、公証人法44条1項3号参照）。

24)　併せて執行費用額の確定の申立てについても、同様の期間制限が設けられている（民執42条5項）。

(ⅱ)　民事保全手続のIT化[25)]

(a)　オンライン申立て

　民事保全法においては、132条の10の規定を準用して、すべての裁判所に対し、インターネットを用いて申立て等をすることを可能にするとともに、132条の11も準用し、委任を受けた手続代理人等については、オンライン申立て等を義務化する[26)]（民保7条）[27)]。

(b)　提出された書面や裁判書等の電子化

　書面申立て等で裁判所に提出された書面については、民事訴訟法を準用し、裁判所書記官が電子化してファイルに記録することが原則となる[28)]。この点につき、一部書面について電子化の例外を設けることが議論されたが、前述のように、保全手続においてはそのような例外は設けられなかった（(2)(ⅱ)参照）。また、裁判書や調書等については、やはり民事訴訟法を準用して、全面電子化され、そのまま電磁的事件記録になることが想定されている。

(c)　期日におけるウェブ会議・電話会議の利用等

　期日については、口頭弁論期日および審尋期日については、民事訴訟と同様の規律とされる（87条の2および187条3項・4項の準用）。この点、部会審議においては、仮の地位を定める仮処分命令において債務者が立ち会うことができる審尋期日や保全異議、保全取消しおよび保全抗告の審尋期日については、その重要性に鑑み、ウェブ会議に限定する（電話会議を許さない）旨の意見も有力に出されていたが、前述のように（(2)(ⅲ)参照）、最終的にはこれは採用されず、いずれも電話会議自体は可能とし、あとは裁判所の判断に委ねるものとされた。

---

25)　以下は原則として保全命令手続を念頭に置いており、保全執行手続については、基本的に民事執行手続と同様の形でIT化が図られている。

26)　やはり民事訴訟同様、許可代理の場合は除かれる。

27)　民事保全法においては、民事執行法と比較して、民事訴訟法の包括準用規定（民保7条）において、多くの規律が賄われている。また、保全執行の関係での民事執行法の準用も同様である（民保46条参照）。

28)　なお、やはり民事訴訟と同様、電子化することに困難な事情があるものや秘匿決定があったもの等は除かれる。

(d) 和解調書の送達

民事訴訟法における和解調書に係る職権送達の規定（267条2項）を準用して、民事保全手続でも和解調書は職権で送達される。なお、送達の郵便費用についても、民事訴訟同様、申立手数料に組み込み、一本化することが前提とされている。

(e) 電子化された事件記録の閲覧等

事件記録の閲覧・複写（ダウンロード）等の請求主体の範囲（利害関係人に限ること）および裁判所書記官への請求を要する点（民保5条）は、電磁的事件記録との関係でも維持される（民保5条の2）。そして、最高裁判所規則において、①利害関係人は裁判所外設置端末を用いて閲覧等を請求することができること、②事件当事者（申立債権者および債務者）は、いつでも（個々の請求なしに）事件の係属中に裁判所外設置端末を用いた記録の閲覧・複写（ダウンロード）ができることが定められる予定である。

(f) 送達等

システム送達および公示送達については、民事訴訟法の規定（109条～109条の4、111条）が包括的に準用される。

(g) その他

ITを活用した証拠調べ手続（231条の2、232条の2等）、費用額確定処分の申立期限（71条2項）、申立手数料不納付の場合の申立書却下の手続（137条の2）、電子調書の更正（160条の2）等についても、民事訴訟法の規定が準用される。

民事保全に特有の点として、起訴命令に応じて提起された訴えの提起証明書に係る規律（民保37条1項）の見直しがされている。現行法上はこのような証明書の提出が必要的とされているものの、本案訴訟の事件記録が電子化されれば、あえて債権者に本案訴訟の提起証明書の提出を求めなくても、保全命令を発した裁判所は、自ら裁判所の事件管理システムを通じて本案の訴えの事件記録を直接確認することが可能になる。そこで、訴訟係属の証明につき、書面に加えて「電磁的記録」を規定し、その提出を求めることにより、債権者の利便性を向上するという観点から、証明書の提出自体は不要としたものである。[29]

(iii)　倒産手続の IT 化[30]

(a)　オンライン申立て

　破産法その他の倒産法[31]においては、132条の10の規定を準用して、すべての裁判所に対し、インターネットを用いて申立て等をすることを可能にするとともに、132条の11も準用し、委任を受けた代理人等については、オンライン申立て等を義務化している[32]（包括準用規定については、以下も同様に、破13条、民再18条、会更13条、承認援助15条など参照）。

　加えて、倒産手続においては、手続機関もオンライン申立て等の義務化の対象とされた（破13条による132条の11第1項1号の読み替え規定など参照）。今回の改正において、裁判所の選任する者につき義務化が図られた唯一の例となった（前述(2)(i)参照）。これは、破産管財人等の手続機関は倒産手続において幅広い重要な職務を担うことから、そのような者にオンライン申立て等を義務付けることで、倒産手続の迅速化・効率化に資すると考えられる一方、これらの者は実務上ほぼすべて弁護士から選任されるため、オンラインの利用義務を課しても問題は少ないと考えられたことによる。このような義務が課されるのは、破産手続では、破産管財人、保全管理人、破産管財人代理、保全管理人代理であり、再生手続では、管財人、保全管理人、管財人代理、保全管理人代理、監督委員、調査委員、個人再生委員であり[33]、更生手続では、管財人、保全管理人、管財人代理、保全管理人代理、監督委員、調査委員であり、特別清算手続では、監督委員、調査委員である[34][35]。

---

29)　なお、本案訴訟に代えて、家事調停、労働審判、仲裁手続開始、公害紛争処理法に係る責任裁定の申請等が本案訴訟の提起とみなされるような場合（民保37条5項）に、どこまでこの規律が妥当するかは、それぞれの事件記録の内容を保全命令裁判所がシステムによって確認できるか否かに係ってくることになろう。

30)　早い段階でこの問題を論じたものとして、杉本純子「倒産手続における IT 化と『5つの e』の実現」法時91巻6号（2019年）36頁以下など参照。また、事業再生研究機構に設けられた「倒産手続の IT 化研究会」の取りまとめについては、商事法務研究会 HP 参照。

31)　ここでは、民事再生法、会社更生法、外国倒産手続の承認援助法および特別清算に係る会社法の規律が対象となる。そのほか、金融機関の更生特例法についても同旨の規律が定められている。

32)　やはり民事訴訟同様、許可代理の場合は除かれる。

　この点に関連して、破産債権者が多数に上る事件について、裁判所の決定を得て、破産債権者が破産管財人に債権届出をできる制度が検討された（中間試案第3の1(3)甲案参照）。これは、大規模倒産事件で、管財人が債権届出のシステムを組成し、債権者がそれを利用して債権届出をすることによって円滑な事件処理がされたケースがあったことに基づく提案である。ただ、これについては、仮に破産債権者が（裁判所ではなく）破産管財人に債権届出をするとすれば、破産管財人の法的地位が現行法とは異なることになり、その法的地位や責任を抜本的に見直す必要が生じるのではないかという指摘がされた。そうだとすると、それは IT 化の枠を超えた問題であるので、倒産法改正をする際に正面から取り上げるべき事項とされ、今回の改正では見送られたものである。ただ、現在の実務においても、破産管財人が債権者から債権届出を受け、これを裁判所にまとめて提出するという運用はあるとされるが、それが否定されたものではない。また、債権届出自体がオンライン化された場合に、上記のような管財人が組成するシステムがどうなるのか（裁判所のシステムの一部として位置付けられるのか）なども、引き続き運用の問題とされる。新たな制度の下での運用を積み重ね、必要があれば、来るべき倒産法改正の機会に抜本的な対応がされることになろう。

(b)　提出された書面や裁判書等の電子化

　書面申立て等で裁判所に提出された書面については、民事訴訟法を準用して、裁判所書記官が電子化してファイルに記録することが原則となる[36]。この点につき、一部書面について電子化の例外を設けることが議論されたが、前

---

33)　再生手続においては、講学上、再生債務者（DIP）を手続機関として理解する見解も有力であるが、義務化の関係では、DIP は義務化の対象とはならない（ただし、再生債務者に代理人である弁護士が付いている場合（それが通常と思われる）、当該代理人は一般規律に基づき義務化の対象となる）。

34)　会社法 887 条の2第2項参照。清算人は義務化の対象とはされていない。

35)　外国倒産手続の承認援助法の関係で、部会審議では、承認管財人や保全管理人も義務化の対象とすることが考えられていたが、最終的には採用されていない。これは、これらの者については、外国管財人等の外国人が選任される可能性もあることなどが考慮されたものであろうか。

36)　なお、やはり民事訴訟同様、電子化することに困難な事情があるものや秘匿決定があったもの等は除かれる。

述のように、倒産手続においてはそのような例外は設けられなかった（(2)(ii)参照）。また、裁判書や調書・破産債権者表（破115条）・配当表（破191条1項）等については、民事訴訟と同様、全面電子化され、そのまま電磁的事件記録になることが想定されている。

(c) 期日におけるウェブ会議・電話会議の利用等

期日については、口頭弁論期日および審尋期日については、民事訴訟の規律が準用される（87条の2および187条3項・4項の準用）。なお、このほか、倒産手続に特有の期日として、債権調査期日および債権者集会期日があるが、これらの期日については、破産者、破産債権者、破産管財人等はウェブ会議によって手続に関与することができるものとされた（破121条の2、破136条の2など）。当事者の利便性の向上の観点から、民事訴訟における口頭弁論期日と基本的に同様の規律としたものである。[38]

(d) 電子化された事件記録の閲覧等

事件記録の閲覧・複写（ダウンロード）等の請求主体の範囲（利害関係人に限ること）および裁判所書記官への請求を要する点（破11条など）は、電磁的記録（ファイル記録事項）との関係でも維持される（破11条の2など）。そして、最高裁判所規則において、①利害関係人は裁判所外設置端末を用いて閲覧等を請求することができること、②事件当事者（申立人および破産者・債務者）および破産管財人等[39]は、いつでも（個々の請求なしに）事件の係属中に裁判所外設

---

37) 特に倒産手続では、破産財団の管理・換価等に著しい支障を生ずるおそれがある文書（いわゆる支障文書）について、閲覧等制限（破12条等）の規律があることに鑑み、例外的に書面による保存を可能にする措置についても検討されたが、それでは、債権者等の記録の閲覧に不便を強いることになるし、民事訴訟と比較しても、例外の範囲が広くなりすぎることが懸念され、最終的にそのような倒産手続固有の例外は認められなかった。

38) なお、立案過程では、ウェブ会議により手続を行う要件として、利害関係人の必要的な意見聴取の手続を設けるか、その場合誰の意見を聴くのかも問題とされたが、最終的には必要的意見聴取の手続は設けないこととされた。これは、このような手続では利害関係人が多数に上るため、すべての者の意見聴取は現実的ではないし、そのうちどの者の意見を聴取すべきかを限定することも困難である一方、手続の性質上、ウェブ会議による参加を認めても、通常、関係者の利益を害することはないと考えられたことによる。

39) これは倒産手続の機関に認めるという趣旨であるので、前述のオンライン申立ての義務化の範囲（(a)参照）と基本的に同様の者が対象になっている。

置端末を用いた記録の閲覧・複写（ダウンロード）ができること、③債権者としていったん閲覧等が許可された者にも同様の扱いが認められることが定められる予定である。

(e)　送達等

システム送達および公示送達については、民事訴訟法の規定（109 条〜109 条の 4、111 条）が包括的に準用されている。なお、破産手続における公告（破 10 条）のあり方については、立案過程において激しい議論があった。一方では、官報への掲載に加えて（あるいは官報掲載なしに）裁判所のウェブサイトに掲載する方法を採用するべきものとする意見があり、他方では、個人破産等について（裁判所内の掲示等を超えた）公告を廃止すべきとの意見も出された。様々な意見があったものの、この点の改正は、結局、破産手続における公告の意義や効果（破 51 条など参照）と密接に関わるものであり、倒産法全体の見直しの中で検討すべき課題であるとされ[40]、今回は改正事項とされなかった。

(f)　その他

IT を活用した証拠調べ手続（231 条の 2、232 条の 2 等）、費用額確定処分の申立期限（71 条 2 項）、申立手数料不納付の場合の申立書却下の手続（137 条の 2）、電子調書の更正（160 条の 2）等についても、民事訴訟法の規定が準用されている。また、裁判所書記官による電子破産債権者表の更正については、異議申立ておよび即時抗告の手続を設けている（破 115 条 6 項）。

(iv)　非訟事件手続・民事調停手続・労働審判手続の IT 化

(a)　オンライン申立て

非訟事件手続法等においては、132 条の 10 の規定を準用し、すべての裁判所に対してインターネットを用いて申立て等をすることを可能にするとともに、132 条の 11 も準用して、委任を受けた代理人等については、オンライン[41]

---

40)　また、官報自体についても、その電子化に関する議論があることも踏まえる必要があると考えられた。官報の電子化については、2023 年 3 月、官報電子化検討会議（座長：宍戸常寿教授）が設置され、官報に関する一般的な法律の制定も視野に入れて議論がされている（筆者も同会議の構成員として関与している）。

申立て等を義務化する（非訟42条1項等）。

(b) 提出された書面や裁判書等の電子化

書面申立て等で裁判所に提出された書面については、民事訴訟同様、裁判所書記官が電子化してファイルに記録することが原則となる[42]（非訟42条1項・2項等）。この点につき、一部書面について電子化の例外を設けることが議論されたが、前述のように、非訟事件手続等においてはそのような例外は設けられなかった（(2)(ii)参照）。また、裁判書や調書等については、民事訴訟と同様、全面電子化され（非訟31条・57条等）、そのまま電磁的事件記録（非訟32条の2第1項）になることが想定されている。

(c) 期日におけるウェブ会議・電話会議の利用等

期日については、もともと（口頭弁論が存在しない）非訟事件においては、ウェブ会議または電話会議によることが可能とされていたところ（非訟47条1項等）、今回の改正では、いわゆる遠隔地要件を削除するほか、実質的な改正はされていない[43]。なお、非訟事件では、専門委員の期日における意見聴取が可能であるが（非訟33条1項）、これも、民事訴訟と同様、（遠隔地要件を削除し）ウェブ会議のほか、電話会議によることも可能とされている（同条4項）。

(d) 和解調書等の送付

民事訴訟法での和解調書に係る職権送達（267条2項）と同様に、非訟事件手続における和解調書、民事調停手続における調停調書および労働審判手続における調停における合意を記載した調書または審判書に代わる調書[44]については、当事者に対して職権で送付しなければならない旨が規定された（非訟65条3項、民調16条2項、労審29条2項など）。非訟事件手続等においては、これ

41）　やはり民事訴訟同様、許可代理（非訟22条1項但書）の場合は除かれる。

42）　なお、やはり民事訴訟同様、電子化することに困難な事情があるものや秘匿決定があったもの等は除かれる。

43）　なお、証拠調べ手続については、その規律（後述(g)参照）が優先して適用されるので、民事訴訟と同様の規律になる。

44）　労働審判においては、審判書は送達することとされているため（労審20条4項）、送達か送付かにつき議論がされたが、審判書に代わる調書を送達すべき旨の規定は存在せず、従来もこれは送付で足りると理解されてきたため、送付の義務化とされた（同条8項）。

らの調書はもともと送達ではなく、送付とされていたことから、立案過程で
議論はあったものの、送付に一元化したものである。ただ、裁判所の判断で
送達の方法により送付することは当然に許容されるとともに、送付の郵便費
用についても、民事訴訟と同様、申立手数料に組み込み、一本化することが
前提とされている。

(e)　電子化された事件記録の閲覧等

　事件記録の閲覧・複写（ダウンロード）等の請求主体の範囲（当事者および利
害関係人に限ること）および裁判所の許可と裁判所書記官への請求を要する点
（非訟32条等）は、電磁的事件記録との関係でも維持される[45]（非訟32条の2等）。
ただ、その例外として、当事者が自己の提出した書面等や電子裁判書につい
て閲覧等の請求をするときは、裁判所の許可は不要とされる[46]（同条4項前段等）。
前者は自らの提出書面であり、後者は当然当事者に知らされるべきものであ
るから、許可を求める理由はないからである。[47]

　また、裁判所外設置端末からの閲覧等の範囲については議論があった（前
述(2)(iv)参照）。この点は最高裁判所規則において、当事者および利害関係を疎
明した第三者についてそれを可能にするとともに、当事者については、すで
に許可を得た事件記録および上記規律の結果として許可を要しない事件記録
については、（個々の請求なしに）いつでも事件の係属中に裁判所外設置端末
を用いた記録の閲覧・複写（ダウンロード）ができることが定められる予定で
ある。

(f)　送達等

　システム送達および公示送達については、民事訴訟法の規定（109条〜109条
の4、111条）を準用する（非訟38条等）とともに、公示催告事件において裁判

---

45)　なお、民事調停および労働審判においては、裁判所の許可は要せず（民調12条の7、労審26
　　条の2）、民事保全法等と同様の規律とされている。また、民事調停に係る事件記録について、
　　今回、民事訴訟法（92条）と同様に新たに閲覧等制限決定の制度が定められた（民調12条の9）。

46)　なお、裁判を受ける者が当該裁判があった後に閲覧等を請求する場合は、当事者と同様に扱
　　われる（非訟32条の2第4項後段参照）。

47)　これについては、非電磁的事件記録との関係でも同旨が妥当するものとされる（非訟32条5
　　項参照）。

所の行う公告 (非訟 102 条) については、現在の裁判所掲示場における掲示 (同条1項1号) に加えて、裁判所設置端末で閲覧することができる措置を可能とする (同項2号)。これは、公示送達の裁判所における閲覧等に係る改正 (111 条参照) と同様の趣旨のものと解される。

(g) その他

IT を活用した証拠調べ手続 (231 条の2、232 条の2等)、費用額確定処分の申立期限 (71 条2項)、申立手数料不納付の場合の申立書却下の手続 (137 条の2)、電子調書の更正 (160 条の2) 等についても、民事訴訟法を準用し、またはそれと並びの規定を設けている (非訟 28 条、非訟 31 条の2、非訟 43 条7項、非訟 53 条、非訟 65 条の2等)。

(v) 人事訴訟手続の IT 化

(a) オンライン申立て

人事訴訟法においては、特則がない限り、民事訴訟法が当然に適用される (人訴1条参照) ところ[48]、132 条の 10 の規定を適用して、すべての裁判所に対しインターネットを用いて申立て等をすることを可能にするとともに、132 条の 11 も適用し、委任を受けた訴訟代理人等については、オンライン申立て等を義務化する。

(b) 提出された書面や裁判書等の電子化

書面申立て等で裁判所に提出された書面については、民事訴訟法を適用し、裁判所書記官が電子化してファイルに記録することが原則となる[49]。また、裁判書や調書等については、民事訴訟法を適用し、全面電子化される。そのほか家庭裁判所調査官による事実の調査がされた場合には、家事事件と同様に、その調査結果の報告書 (人訴 34 条3項) についても、電磁的記録のオンラインによる提出が可能とされる (同条5項) 結果、裁判所側で作成される文書はす

---

48) なお、法定審理期間訴訟手続に関する規律 (民訴法第7編) は包括的に適用除外とされている (人訴 29 条2項)。

49) なお、やはり民事訴訟と同様、電子化することに困難な事情があるものや秘匿決定があったもの等は除かれる。

べて電子化され、そのまま電磁的訴訟記録になることが想定されている。

(c)　期日におけるウェブ会議・電話会議の利用等

期日については、口頭弁論期日については、すでに令和 4 年改正において、民事訴訟と同様の規律とされていた（この点については、第 1 章注(85)参照）。また、前述のとおり（(2)(iii)参照）、当事者の陳述を聴く審問手続（人訴 33 条 4 項）も、ウェブ会議はもちろん、電話会議によることが認められるし（同条 6 項）、参与員の期日参加（人訴 9 条 1 項）についても、ウェブ会議に加えて電話会議によることが許容されている（同条 6 項）。この点の趣旨は、家事事件の場合（後述(vi)(c)参照）と同様である。

(d)　和解調書等の送達

民事訴訟法における和解調書・放棄調書・認諾調書に係る職権送達（267 条 2 項）の規定が人事訴訟にも適用される。なお、送達の郵便費用についても、民事訴訟と同様、申立手数料に組み込み、一本化することが前提とされている。

(e)　電子化された事件記録の閲覧等

電磁的訴訟記録の閲覧・複写（ダウンロード）等についての民事訴訟法の規律（91 条の 2 および 91 条の 3）は、原則として人事訴訟にも適用される。そして、最高裁判所規則において、①当事者および利害関係人は裁判所外設置端末を用いて閲覧等を請求することができること、②当事者は、（個々の請求なしに）いつでも事件の係属中に裁判所外設置端末を用いた記録の閲覧・複写（ダウンロード）ができることが定められる予定である。

他方、事実の調査に係る部分の訴訟記録の閲覧等については、家事事件の場合と同様の規律がされる。すなわち、記録の閲覧・複写（ダウンロード）等の請求主体の範囲および裁判所の許可を要する点は、電磁的事件記録との関係でも維持される。ただ、その例外として、自己の提出した書面等については許可が不要とされる（人訴 35 条 2 項）。また、裁判所外設置端末からの閲覧

---

50)　許可の要件が家事事件とは異なり、当事者については、原則として許可が必要的とされ、例外的に不許可とする要件が厳格に規定されている（人訴 35 条 3 項参照）。また、事実調査部分の安全管理措置等につき、人訴 35 条の 2 参照。

等の範囲については議論があった（前述(2)(iv)参照）。この点は規則事項になるものの、当事者および利害関係を疎明した第三者についてそれを可能にするとともに、当事者については、すでに許可を得た事件記録および上記規律に基づき許可を要しない事件記録については、いつでも閲覧等を認めることとされた。[51]

（f） 送達等

システム送達および公示送達については、民事訴訟法の規定（109 条～109 条の 4、111 条）が適用されることになる。

（g） その他

IT を活用した証拠調べ手続（231 条の 2、232 条の 2 等）、費用額確定処分の申立期限（71 条 2 項）等についても、民事訴訟法の規定が適用される。

(vi) 家事事件手続の IT 化

（a） 裁判所に対する申立て等

家事事件手続においては、132 条の 10 の規定を準用し、すべての裁判所に対しインターネットを用いて申立て等をすることを可能にするとともに、やはり 132 条の 11 を準用して、委任を受けた手続代理人（家事 22 条 1 項本文）等については[52]、オンライン申立て等を義務化する[53]（家事 38 条 1 項）。なお、オンライン申立て等にあたっては、システム上のフォーマット入力の方式の導入につき、最高裁判所規則等において検討するものとされる。[54]

（b） 提出された書面や裁判書等の電子化

書面申立て等で裁判所に提出された書面については、民事訴訟と同様、裁

---

51) なお、許可の運用について、事前の包括的許可を可能にする可能性については、後述(vi)(f)参照。

52) やはり民事訴訟と同様、許可代理（家事 22 条 1 項但書）の場合は除かれる。

53) これに対し、成年後見人・相続財産管理人など裁判所が選任する者については義務化の対象外としたことにつき、前述(2)(i)参照。

54) このフォーマット入力については、本人申立てを想定して広い事件類型での導入を期待する見解がある一方、現在の実務において定型書式が用意されているような事件類型（相続放棄の申述受理や子の氏の変更等）での導入を想定する見解もあった。

判所書記官が電子化してファイルに記録することが原則となる(家事 38 条 1 項・2 項)。ただ、例外として、別表第 1 の審判事件であって最高裁判所規則で定めるものについては、電子化は不要とされる(家事 38 条 2 項括弧書参照)。今回の改正における電子化の唯一の例外である(前述(2)(ii)参照)。前述のように、電子化による記録の持ち運びを省ける便宜や裁判所外からの閲覧等が可能となる便宜と、電子化のための事務負担等とのバランスを図ったものである。したがって、例外の範囲につき、部会議論では、上記のような便宜が少ない単発的・申請型の事件として、子の氏の変更許可、相続放棄や限定承認の申述受理、相続承認・放棄の期間伸長、遺言書の検認等の事件が想定され、将来的にはこの範囲の縮小についても継続的な検討が必要とされたものである。その意味で、これはあくまでも過渡的な措置であり、可及的に申立て等の全面的なオンライン化や戸籍等とのバックオフィス連携を進めることで、将来的には全面電子化を図るべきものと解される。

また、裁判書や調書等については、民事訴訟と同様、全面電子化される(家事 46 条、家事 76 条)。そのほか家事事件特有のものとして、家庭裁判所調査官の事実の調査や裁判所技官の診断結果の報告書等についても電子化される(家事 58 条 5 項、家事 60 条 2 項)。その結果、裁判所側で作成される文書はすべて電子化され、そのまま電磁的事件記録になることが想定されている。

(c) 期日におけるウェブ会議・電話会議の利用

期日については、前述のとおり((2)(iii)参照)、審問手続を含めて、ウェブ会議はもちろん、電話会議による期日も認められる(遠隔地要件も削除された。家事 54 条 1 項参照)。また、参与員や家庭裁判所調査官・裁判所技官の期日参加等についても、ウェブ会議に加えて電話会議によることも許容される(家事 40 条 3 項、家事 59 条 3 項、家事 60 条 2 項)。この点も、参与員・家裁調査官等が当事者の様子を観察する必要があることや、顔が見えることで意見等の説得力が増すことなどから、ウェブ会議に限定すべき旨の意見はあったものの、意見表

---

55) なお、やはり民事訴訟と同様、電子化することに困難な事情があるものや秘匿決定があったもの等は除かれる。

明に際して当事者の観察は必然的なものではないし、顔が見えることが説得力に直結するものでもなく、家裁調査官等の調査方法も期日外で特に方式の定めはないこと等とのバランスも考慮し、電話会議も許容してその選択は裁判所の判断に委ねたものである。[56]

(d) 当事者双方が受諾書を提出する方法による調停

民事訴訟法が受諾和解につき一方当事者出頭要件を削除したこと（264条2項）に対応して、当事者双方が調停委員会に調停条項案を受諾する旨の書面を提出したときは、予め定められた日時に当事者間の合意が成立したものとみなされる（家事270条2項）。もともと民事訴訟法上の上記制度は調停条項案の書面による受諾の制度（同条1項）に倣ったものであったことから、いわば必然的な改正であったといえよう。

(e) 調停調書の送付

やはり民事訴訟法における和解調書に係る職権送達（267条2項）とパラレルに、調停調書の職権送付が規定された（家事268条5項）。この点では、送付を送達に限定すべきかについて議論があったものの、審判書等も必ず送達すべきものとはされておらず、相当と認める方法での告知で足りるとされており（家事74条1項参照）、調停調書の中には債務名義にならないものもあることから、送付を原則としたものである。[57] ただ、裁判所の判断で送達の方法により送付することは当然に許容されるとともに、送付の郵便費用については申立手数料に組み込み、一本化することが前提とされている。

(f) 電子化された事件記録の閲覧等

事件記録の閲覧・複写（ダウンロード）等の請求主体の範囲および裁判所の許可を要する点（家事47条1項、家事254条1項）は、電磁的事件記録との関係でも維持される（家事47条の2、家事254条の2）。ただ、その例外として、自己の提出した書面や電子審判書等の電子裁判書および調停における合意を記載した電子調書等については許可を不要とする（家事47条の2第4項、家事254条

---

56) なお、調停委員会を組織していない家事調停委員から意見を聴取する場合（家事264条）においても、ウェブ会議および電話会議の利用が可能とされる。

57) 前述のように（(iv)(d)参照）、非訟事件については一般に送付を原則とする規定とされた。

の2第4項）。前者は自らの提出書面であり、後者は当然当事者に知らされる
べきものであるから、裁判所の許可を求める理由はないからである。[58]

　また、裁判所外設置端末からの閲覧等の範囲については議論があった（前
述(2)(iv)参照）。この点は最高裁判所規則において、当事者および利害関係を疎
明した第三者についてそれを可能にするとともに、当事者については、すで
に許可を得た事件記録および上記規律に基づき許可を要しない事件記録につ
いては、（個々の請求なしに）いつでも事件の係属中に裁判所外設置端末を用
いた記録の閲覧・複写（ダウンロード）ができることが定められる予定である。
そして、許可の運用にあたっては、事前の包括的許可を可能にすべき旨の指
摘があり、たとえば、当事者双方に手続代理人が選任されている事件では、
書面の直送等の運用を前提に、相手方当事者が提出資料をオンラインで閲覧
等できるように、将来提出分も含めて、一定範囲のものについては予め許可
を得られるようにして、提出の都度許可を得なくてもよいようにする取扱い
も考えられるものとされた。いずれにしても今後の実務運用の問題として
様々な工夫が期待されよう。

　(g)　**送達等**

　システム送達および公示送達に関する民事訴訟法の規定を準用する（家事
36条）とともに、家事事件において裁判所の行う公告（失踪宣告の手続におけ
る公告（家事148条3項）、相続人不存在の場合の公告（民952条2項）等）について
は、家事事件手続規則において、（官報掲載とともに）現在の裁判所掲示場に
おける掲示（家事規4条1項）に加えて、裁判所設置端末でも閲覧することがで
きる措置を可能とする方向である。これは、公示送達の裁判所における閲覧
等に係る改正（111条参照）と同様の趣旨と解される（また、公示催告手続との関係
では、前述(iv)(f)参照）。

　(h)　**その他**

　ITを活用した証拠調べ手続（231条の2、232条の2等）、費用額確定処分の申
立期限（71条2項）、申立手数料不納付の場合の申立書却下の手続（137条の2）、

---

58)　これについては、非電磁的事件記録との関係でも同旨が妥当するものとされる（家事47条6
　項、家事254条4項）。

電子調書の更正（160 条の２）等については、民事訴訟法の準用またはそれと並びの規定が設けられている（家事 31 条、家事 34 条の３、家事 49 条 7 項、家事 64 条）。

　なお、ハーグ条約実施法による子の返還手続についても、家事事件と同様の形で IT 化が図られている。このような事件では、特に当事者が外国に所在することに係る問題がある。外国におけるシステム送達やウェブ会議による審尋・証拠調べ、外国からの手続参加等のニーズは確かにあるが、今回の改正ではこの問題は解決されていない（民事訴訟におけるこれらの問題については、第２章 2 (2) (iv)・3 (3) (iv) など参照）。民事訴訟と同様、このような方法には国際法上主権侵害の問題が生じるとの見方もあり、引き続き条約による解決や諸外国の動向を見守る必要があるとされたものである。[59]

2　裁判外紛争解決手続の IT 化──ODR（Online Dispute Resolution）

(1)　ODR の意義と活性化に向けた議論

(i)　ODR の意義

　以上のような民事裁判手続のほか、紛争解決手続全般で見ると、IT 化の効用は裁判所の手続だけに止まらず、裁判外紛争解決手続（ADR）においても重要である。民事裁判は国家権力の行使であり、IT 化についても原則としてその法定が前提となり、またその態様についても当事者の手続保障等に鑑み、一定の限界があることは否定し難い。これに対して、ADR は当事者の合意に基づく手続であるので、IT 化においても、より広い柔軟性や様々な工夫を可能にする余地がある。実際、申立て等を電子メールで行うことを認めたり、審問等の期日をウェブ会議で行ったりすることは、ADR においてはコロナ禍前からすでに始められており、それはコロナ禍の中でかなり一般化しているように見える。特に国際的な紛争（企業間の国際仲裁や国際離婚における子をめぐる紛争等）においては、海外とオンライン経由で手続を行う例が日常化し

59）　ただ、その他の手続とは異なり、ハーグ条約上の手続はそもそも条約が前提となっており、特に外国からの手続参加については国際法上の問題は生じない旨の意見も部会で示された点には留意が必要であろう。

ている。⁶⁰⁾

(ii)　ODR 活性化に向けた議論——ODR 推進検討会等の議論

　このような裁判外の紛争解決手続における IT の利用が近時、ODR（On-line Dispute Resolution）と呼ばれ、様々な場で議論の俎上に載せられている問題であり⁶¹⁾、諸外国では急速にその実装・活用が進んでいるようである⁶³⁾。この面でも日本はやはり遅れをとっているが、最近では、ODR の政策的な後押しが積極的に図られつつある。具体的には、まず内閣官房の「民事司法制度改革推進に関する関係府省庁連絡会議」の提言（2020 年 3 月）において、ODR の促進について言及がされ、ODR 推進検討会における検討や ADR 和解に対する執行力の付与等が提言されるとともに、それに関連して AI による紛争解決予測情報の提供も検討課題とされた（この問題については、後述 3 参照）。

　これを受けて、2020 年以降、法務省の ODR 推進検討会において、政策的に ODR の活性化が議論されてきた。同検討会がまとめた「ODR の推進に関する基本方針」（2022 年 3 月）は、ODR の推進について考えうる包括的な施策をまとめたものであるが、直近の施策と中長期の課題に分けて提言が行われている。まず、直近の施策としては、ODR の認知度の向上のための情報発信、ODR 機関の検索の利便化、相談機関から ODR 機関への紹介ルートの確立、ODR 機関間の連携の強化、ODR 事業への参入の支援、デジタルプラットフォーム事業者への働きかけ等が提言されている。さらに、中長期の課題と

---

60)　この点、裁判では、前述のとおり、国家主権の問題があるため、海外とのオンライン手続には（条約等がなければ）乗り越え難い問題もあるが、ADR は民間の手続であるので、技術さえ許せば、それを容易に克服することができる。

61)　最広義では、裁判手続の IT 化もこれに含まれる概念であるが、ここでは裁判外の手続のみを念頭に置いて論じる。

62)　ODR の意義と課題について、早い段階に論じたものとして、山本和彦ほか「ODR（Online Dispute Resolution）の導入に向けて」L&T82 号（2019 年）1 頁以下、山田文「ADR の IT 化（ODR）の意義と課題」法時 91 巻 6 号（2019 年）42 頁以下など参照。

63)　諸外国では ODR に関するルール作りの議論も進んでいるようであるが、このような動きについては、早川吉尚「UNCITRAL Online Dispute Resolution プロジェクト」仲裁と ADR 7 号（2012 年）14 頁以下など参照。

しては、世界トップレベルの ODR への環境整備を図るものとして、官民連携による ODR の実証実験の実施、諸外国とのネットワークの構築、ODR における AI 技術の活用等が掲げられている。そして、このような施策を実現していくため、法務省に ODR 推進会議が設けられ、定期的にフォローアップの場が設けられているところであり、これら施策の着実な進展が期待されよう。

(iii) ODR の具体的な振興策——ADR 和解への執行力の付与

他方、具体的な政策としては、ADR 和解への執行力の付与の問題が重要である。この点については、2020 年 10 月、法制審議会仲裁法制部会において審議が開始された。[64] 同部会においては、2006 年に国際仲裁モデル法が一部改正され、また 2018 年に「調停による国際的な和解合意に関する国際連合条約」（シンガポール条約）が採択される等の国際的な動向を反映するとともに、ODR 活用のための環境整備の一環としても議論がされたものである。同部会では、2021 年 3 月の中間試案の公表およびパブリックコメントを受けて、同年 9 月、まず仲裁法改正についての要綱が、次いで、2022 年 2 月、調停和解に関する法整備についての要綱が採択された。その結果、2023 年 2 月、通常国会に仲裁・調停関連 3 法案が提出され、同年 4 月成立した。[65]

具体的には、仲裁法の改正として、前記モデル法改正を反映して、暫定保全措置に対する執行力の付与と仲裁合意の書面性に関する規律の見直し、また裁判所における執行決定等仲裁関係手続につき訳文の添付を不要にし、東京地裁・大阪地裁に管轄を拡大している。また、シンガポール条約実施法は国際和解合意の執行決定について、改正 ADR 法は国内の認証 ADR 機関による特定和解合意の執行決定について、それぞれその要件・手続等を定めた

---

64) 筆者は同部会の委員・部会長を務めた。

65) 「仲裁法の一部を改正する法律案」「調停による国際的な和解合意に関する国際連合条約の実施に関する法律案」「裁判外紛争解決手続の利用の促進に関する法律の一部を改正する法律案」である（その紹介と理論的検討として、山本和彦「仲裁の暫定保全措置及び ADR 和解の執行力について」慶應法学 50 号（2023 年）309 頁以下参照）。なお、併せてそれと関連するシンガポール条約についても、2023 年 6 月に国会で批准された。

ものである。なお、このほか、民事調停法も改正して、知的財産調停事件の管轄を拡大している。今回の改正は、司法制度改革の結果として制定された仲裁法および ADR 法の最初の本格的な改正となるものである。

　以上のような改正により、ODR において当事者間で和解が成立すれば、それが国際和解合意としての要件を充たす場合には、裁判所に執行決定を求めて強制執行が可能になるし、国内の調停和解についても認証 ADR 機関において成立した特定和解合意であれば、やはりそれに基づく強制執行が可能になる。その結果、当事者は相手方が合意を履行しない場合には、もう一度訴訟を起こすことなく簡単に強制執行をすることが可能になり、ODR による紛争解決のインセンティブが高まることが期待されよう。ただし、①消費者契約関係紛争（当事者の一方が消費者の場合であり、いわゆる C2C も含む）、②個別労働関係紛争、③家庭関係紛争等については、定型的に適用が除外されている点には注意を要する。

(2)　ADR の IT 化

　具体的に、ODR という場合、一方では既存の ADR について IT 化を進めていく側面があり、他方では（特にデジタルプラットフォーム事業者等の）苦情・紛争処理手続について IT 技術を用いてオンラインで完結的に処理するスキームを設けるという面がある。

---

66)　具体的には、①国際性と、②当事者の条約による執行の認諾が要件とされる。①の国際性は、当事者の住所地国等の相違、当事者の住所地国と紛争の密接関連国の相違、当事者（親会社も含む）の住所地が外国にある場合に認められる。他方、②は、条約のオプトイン条項に対応したものであり、当事者の積極的な同意が要件となる。

67)　執行拒絶事由としては、①和解合意の無効、②和解合意上の債務内容の不特定、③和解合意上の債務の消滅、④調停人・調停手続の準則・開示義務違反、⑤日本法上和解ができない紛争、⑥公序違反等が挙げられている。

68)　ただ、さらに国内の ADR 機関による特定和解については、①のうち、B2C のみが除外され、C2C は適用対象とされるし、③についても、扶養料等債権（民執 151 条の 2 第 1 項各号）は適用対象とされている。

69)　このうち、後者のみを指して ODR の用語が使われることも多く、これが狭義の ODR と呼ばれる。

　まず、ADR の IT 化については、ADR サービスを提供している既存の事業者が、そのプロセスをオンライン化していくことが考えられる。そこでは、裁判手続の場合と同様、e 提出（申立書や証拠等の電子メール等を利用したインターネット経由での提出、当事者間のやりとりの電子化（チャット等による意見交換）等）、e 事件管理（ADR 機関等の記録の電子化、インターネット経由での当事者の記録閲覧等）、e 法廷（調停・仲裁期日のウェブ会議化等）が考えられるところである。前述のように、国家権力の行使の手続である民事裁判手続とは異なり、基本的には当事者の合意に基づく手続である ADR においては、機関規則等の定めによって比較的柔軟にこのような IT 化を図っていく余地があろう。

　実際にも、その手続の一部をすでに IT 化している ADR 事業者は存在する。この分野では、期日のオンライン化が先行してきたように見えるが、たとえば、自動車 PL センター等では比較的早い時期からテレビ会議を活用して当事者の話合いを仲介しているようであるし、金融 ADR である全国銀行協会[70]等では、やはりモバイル機器を活用して和解仲介を実施しているという。また、前述のように、国際離婚に伴う子の返還（ハーグ条約実施法上の手続）との関係で、弁護士会等が提供する ADR 手続においても、日本と国外を結ぶ形でオンライン会議による手続が実施されているようである（国際商事仲裁でも同様である）。また、e 提出に相当する申立てや書類提出の場面等においても、電子的手段（電子メールやその添付等）が活用されている部分がある。たとえば、日本商事仲裁協会（JCAA）等の国際仲裁事件においては、そのような形での文書や証拠の提出が一般化しているものとみられる。

　以上のように、一定の範囲では、民事裁判に先行する形で、これまでも ADR の IT 化が進められてきたことは間違いない。そして、その点はコロナ禍の中で否応なく進展してきた部分があることも事実である。ただ、それは未だ十分な水準に達しているとは言い難いこともまた否定できない。今後の

---

70)　金融 ADR については、山本和彦『ADR 法制の現代的課題』（有斐閣、2018 年）229 頁以下など参照。

課題としては、申立てから和解仲介等を含めて、手続の全面的な IT 化を進めていくことがあるが[71]、その場合、システム構築等のコストをどのような形で各 ADR 事業者が負担するかなどが重要な問題となってこよう[72]。

(3)　IDR における IT 化——デジタルプラットフォーム事業者における ODR

　以上のような既存の ADR 機関の手続の IT 化に加えて、ODR の観点から特に重要と考えられるのは、取引デジタルプラットフォーム事業者その他の事業者によって提供される、オンラインで完結した紛争解決システムであろう。これは、狭義の ODR とも呼ばれるものであり（前掲注(69)参照）、諸外国においても、ODR の発展の契機ないしその中核を占める形態ということができる。これは、定義上、厳密な意味での ADR とは言い難い面もあり、ADR と IDR（Internal Dispute Resolution：企業内の苦情処理）[73] との中間的な形態ともいえよう[74]。たとえば、品質やサービスに不満のある顧客消費者（たとえば、オークションサイトで購入した物やサービスが、インターネット等で事前に提供された当該商品の情報と異なる品質・内容であったと主張する顧客）が、その提供者（その物やサービスをサイトに上げた事業者または個人）を相手方として、オンライン上で救済の申立て（物の交換やサービスのやり直し等の要求など）をして、相手方と交渉をするシステムをプラットフォーム事業者（オークションサイト運営者等）が提供するというものである。この点について、従来は、プラットフォーム事業者は、顧客間の紛争は当事者間の問題であり、自らは単にその

---

71)　チャットの活用を含めて、このような方向を模索する取組みとしては、第一東京弁護士会のオンラインチャットシステムを利用した簡易和解手続などが注目される。これについては、第一東京弁護士会 HP 参照。

72)　山本ほか・前掲注(62)12 頁以下では、ADR 事業者が協力して、そのようなシステムを構築し、相互に費用を負担する方向性等が示唆されている。

73)　これは、後述の ISO10000 シリーズ（ISO10002）の用語法である。

74)　提供されたプラットフォームにおける取引参加者（顧客）間の紛争（B2C の場合も C2C の場合もあろう）について、プラットフォーム事業者が第三者の立場で紛争解決サービスを提供するという観点では ADR に属するが、プラットフォーム事業者が自己の提供するプラットフォームの中で生じた苦情を自己の責任で解決するという点では IDR に属すると評価することも可能であろう。

繋ぎ役にすぎないとして、紛争の矢面に立つことを回避する傾向があったようである。しかし、近時は、当該事業者の社会的責任の観点や顧客のロイヤリティを高めるという観点などから、むしろ積極的な対応に転換する企業も出てきているとされ、その一般化が期待されている。

　たとえば、この分野における ODR の最も著名なものとしては、eBay が提供する紛争解決センター（Conflict Resolution Center）における手続がある。電子商取引のプラットフォームを全世界的に提供する eBay は、20 世紀末からこのような ODR の提供を開始したとされ、今や全世界で年間 6000 万件の紛争を解決しているといわれている。具体的な手続は、①AI によって紛争解決予測情報を当事者に提供し、当事者間の解決交渉を支援するとともに、②その手続がうまくいかなかった場合には、人が介入し、オンラインによる調停手続を実施し、③それでも解決しなかった場合には、オンラインによる仲裁手続で最終的な解決を図るというもののようである。ただ、実際には、①の段階で（人間の介入なしに）90％以上の紛争が解決しているといわれている。そして、興味深い点は、eBay が実施した顧客アンケートによれば、紛争解決センターの ODR 手続を利用した者は、その結果がたとえ自分に不利なものであったとしても、それを利用しなかった者に比べて、eBay の将来的な利用に積極的となるという結果が出ている点である。これは、このような ODR のシステムの存在が、ユーザーのプラットフォーム事業者に対する信頼を形成し、ロイヤリティを高めるという経営的効果を有することを意味している。その意味で、このような ODR の構築は、後述のように、デジタルプラットフォーム事業者の社会的責任であるに止まらず、経営戦略の観点からも、事業者ないしマーケットに対する信頼を高め、競争上有利に働く可能性があるものと考えられよう[75]。

　以上のような発展を受けて、1 つの考え方として提示されているのは、紛争解決のシステムデザイン（Dispute System Design）という発想である[76]。そこでは、商品やサービスを提供する事業者は、紛争解決についても責任をもって 1 つのシステムとして顧客に提供すべきものと考えられている。これは苦情紛争処理の国際規格とも通底する思想といえよう。この ISO 規格は、2007

年の ISO10000 シリーズ（苦情紛争解決の国際規格）であり、ISO10001（企業の紛争解決の行為規範（code of conduct））、ISO10002（企業内紛争解決（IDR））、ISO10003（企業外紛争解決（EDR））から構成された規格であり、2010 年には JIS 化もされている。[77]このような思想に基づけば、紛争類型ごとに、ユーザーのニーズに適合した形で、利用者間の相対交渉で問題を解決できない場合には、さらに調停・仲裁、場合によっては裁判所の手続も含めて、オンラインで完結した紛争解決システムを意識的に構築し、顧客に積極的に提供していくことが事業者に期待されることになろう。将来的には、このような ODR の提供について、一定の範囲で事業者に義務付けていく可能性もありえよう。[78]

3　民事司法の新たな地平——AI の活用

(1)　紛争解決分野における AI 活用の意義

　紛争解決における IT 化の今後の展開としては、（世の中のあらゆる分野と同様）やはり AI の活用が注目されよう。判決結果等の紛争関係情報のビッグデータ化が進み、それを活用して AI に解析させ、具体的な紛争の解決結果を予測させ、当事者の紛争解決にあたっての参考に供するという可能性であ

75)　その結果として、このような ODR の活用は他の取引デジタルプラットフォーム事業者においても徐々に進められているようである。たとえば、中国のアリババなどでも、eBay の紛争解決センターの取組みをモデルにして同様の紛争解決手続を設けているとされる（さらに、ユーザーによる陪審（jury）の制度など新たな工夫もしているようである）。さらに、このような e-commerce の分野を超えて、医療やメディア、労働、公的セクターなど様々な分野における ODR の可能性（およびそれに伴う紛争予防効果）を活写する興味深い文献として、E. Katsh=O. Rabinovich-Einy, Digital Justice（Oxford, 2017）参照。

76)　紛争解決システムデザインという発想については、渡邊真由「紛争システムデザインと ODR」仲裁と ADR17 号（2022 年）73 頁以下など参照。

77)　ISO 規格の考え方の詳細については、山本・前掲注(70)163 頁以下参照。

78)　現在の「取引デジタルプラットフォームを利用する消費者の利益の保護に関する法律」においては、消費者が販売業者等と円滑に連絡することができるようにするための措置を講ずることがプラットフォーム事業者の努力義務とされているに止まるが（同法 3 条 1 項 1 号参照）、将来的には、より積極的に紛争解決の仲介までも（努力）義務とすることが考えられてよい。なお、以上のような問題を含む ODR の課題一般については、山田・前掲注(62)42 頁以下など参照。

る。実際、これは前述の eBay の ODR などでもすでに実装され、大きな成果を挙げているといわれるし[79]、日本の ODR 推進検討会においても、中長期的な課題として、世界トップレベルの ODR への環境整備を図る施策の1つとして、AI 技術の活用が取り上げられている。その意味で、まずもって裁判外の紛争解決手続における AI の活用が課題となろう。

　しかし、AI の活用はそれに止まらないと考えられる。近未来の話としては、裁判所の判決においても、AI による判決予測が利用される可能性が取沙汰されている[80]。AI はその性質上、集積した過去の判断を分析するものであるので、前例があまりないようなハードケースにおける利用には限界があるが、比較的類型的な紛争で、その判断内容の統一が期待されるような紛争分野においては、実際の利用が想定できる[81]。民事の分野では、たとえば、交通事故における加害者・被害者の過失割合（過失相殺等）の判断において、これまでの裁判例等の情報を集積して、当該事故態様であれば、どのような過失割合になるかを AI に解析させるような場面が考えられようか。当面は、裁判官の判断の補助的な機能を担わせることが想定されるが[82]、将来においては、一種の「AI 裁判官」として、（人間裁判官への不服申立てを留保しつつ）少なくとも第1次的な判断を AI に委ねるような時代が来るのかもしれない。

---

79)　前述のように、年間 6000 万件に上る紛争の 90% 以上は、AI の助言に基づく当事者間の交渉で解決されているようである。

80)　従来、司法における AI の活用の問題は刑事裁判における議論が中心であり（たとえば、弥永真生＝宍戸常寿編『ロボット・AI と法』（有斐閣、2018 年）第 10 章「AI と刑事司法」［笹倉宏紀］など参照）、民事裁判に関する論稿は少なかったように思われるが、近時、町村泰貴「民事裁判における AI の活用」法時 91 巻 6 号（2019 年）48 頁以下など参考になる文献も出てきている。

81)　たとえば、刑事裁判における量刑の判断等が 1 つの典型であろう。

82)　この場合の民事訴訟法上の AI の手続的位置付けは 1 つの課題となりえよう。鑑定のような証拠調べと同視するのか、あるいは裁判所調査官や専門委員のような裁判所内部の主体と同視するのかといった問題があろう。ただ、いずれにしても、その重要性に鑑み、AI を利用した場合の当事者の手続保障をどのような形で図るのかは重要な法律問題となりえよう。

⑵　紛争関連ビッグデータの創設——民事判決情報のオープンデータ化の議論

　ただ、このような紛争解決における AI の活用を図るに際して、日本における大きな問題点としては、紛争関連情報のビッグデータが必ずしも十分に形成されていない点が挙げられよう。これは日本社会全体のデジタル化の遅れを反映したものではあるが、ビッグデータがないと、いくら AI 技術が進歩したとしても宝の持ち腐れである。そこで、日本でも紛争解決に関するビッグデータを作り出そうとする試みが近時行われており、注目される。具体的には、民事判決情報全体をデータベース化、オープンデータ化していくという議論である。

　すなわち、民事司法制度改革推進に関する関係府省庁連絡会議の提言「民事司法制度改革の推進について」（2020 年 3 月）において、「民事判決情報は、国民にとって、紛争発生前には行動規範となるとともに、紛争発生後には当事者による紛争解決指針の一つともなり得るものであり、社会全体で共有・活用すべき重要な財産である」として、「民事判決情報については、今後、より広く国民に提供されるべきである」とされ、公共財としての民事判決データの積極的な利活用が提言されたものである。

　これを受ける形で、日弁連法務研究財団において「民事判決のオープンデータ化検討プロジェクトチーム（PT）」が設置され、検討が進められてきた。[83]そこでは、AI による仮名化処理の実証実験が行われるとともに、オープンデータ化を図る際の理論的・制度的な問題点が整理された。[84]そこでは、考えられる具体的なスキームとして、①裁判所からすべての民事判決情報が情報管理機関に提供され、②情報管理機関において AI を活用しながら仮名化処理を施し、[85]③情報管理機関から利活用機関に仮名化後のデータが提供される（そ[86]

---

83)　同 PT は、民事手続法、憲法、民法等の分野の法律研究者に加えて、情報セキュリティ分野の専門家、弁護士等の法律実務家が参加し、法務省や最高裁判所もオブザーバーとして議論に関与した。

84)　これは、同 PT の「民事判決情報の仮名処理の在り方等に関するワーキンググループ（WG）」において議論がされたものである。なお、筆者は同 WG の座長を務めた。

85)　ただし、AI による仮名化処理の精度は現状 90％強に止まり、現段階では（過剰仮名化や過少仮名化いずれのリスクもあり）、最終的には人の目によるチェックが不可欠とされる。

して、それが最終ユーザーの利用に供される）という構想が示された。さらに、2022 年 10 月からは、このような提言をも受けて、法務省において「民事判決情報データベース化検討会」が設置され[87]、今後、具体的な法整備に向けた検討が進められていく予定である。2025 年度に実施される民事訴訟 IT 化のフェーズ 3（電子判決書制度の実施等）と同時に、このオープンデータ化も実現するという目標であり、これが実現すれば、様々な分野での紛争解決における AI 活用の 1 つの重要なインフラとなりえよう。

　もちろん紛争解決結果の正確な予測については、判決情報だけで十分かという問題は残っている。日本における問題として、訴訟を提起しても判決に比べ和解による解決率が高いこと[88]、そもそも訴訟によって解決される事件自体が少ないことなどがある。したがって、当事者の行動指針になるような紛争解決の予測を示すためには、判決情報だけでは必ずしも十分ではなく、訴訟上の和解に関する情報、判決以外の決定等の裁判情報、さらには ADR における紛争解決情報など[89]、広く紛争解決に関するビッグデータを形成していく努力は引き続き必要となろう[90]。

　以上からすれば、民事司法も社会のあらゆる分野と同様に、（その到達点は未だ見えないものの）Society5.0 へと向かっていくものとみられる[91]。そして、そのような社会においては、民事司法の重心も、紛争解決から紛争予防へと

86）　利活用機関としては、判例データベース会社、AI による紛争解決情報の提供会社（リーガルテック等）のほか、弁護士事務所や研究者等も想定されている。

87）　同検討会は、民事手続法、憲法、行政法、民法等の法律研究者のほか、情報セキュリティ研究者、弁護士、経済団体、消費者団体等幅広い分野から委員が出され、最高裁判所もオブザーバーとして参加している。なお、筆者は、同検討会の委員・座長を務めている。

88）　2021 年の司法統計によれば、民事第 1 審訴訟（地方裁判所）における終局事件（139,011 件）の比率は、判決が 43.2％、和解が 36.9％である。そして、判決のうち、欠席判決が 43.2％を占めていることを考えると、実質的に当事者間に争いのある事件では、和解によって解決がされる事件の方がむしろ多いものと考えられる。

89）　ただし、この点は ADR における秘密保持との緊張関係を孕むことになる。

90）　さらに、判決に止まらず、事件記録全体のビッグデータ化も、仮名化に関する技術の進展に応じて、実現していくことが望ましい。

91）　直近の ChatGPT をめぐる技術の急速な進展を見るにつけ、このような展開は予測を上回るスピードで進んでいく可能性が高いように思われる。

移行していく可能性がある。けだし、ODR の進展は、紛争情報のデジタル化
をもたらし、それを活用した DX によって、あるサービスや商品に関して起
こりやすい紛争やその解決結果を特定し、その予防に向けた取組みを事業者
等に促すことになるし、消費者等の側も、そのようなデジタル化した情報を
活用することで、紛争に巻き込まれないような行動をとる（いわゆる「賢い消
費者像」）ことが可能になっていくからである。[92] AI の活用や ODR の展開がこ
のような紛争予防の充実をもたらしうるとすれば、それは社会全体にとって
望ましい姿ということができよう。いずれにせよ、令和時代の民事司法は全
く新たな地平に向かっていく可能性があり、その推移は大変興味深く、注視
を要するところであろう。

---

92)　Digital justice のそのような未来を予測するものとして、Katsh=Rabinovich-Einy, op.cit（75），
　　p. 51 など参照。

事 項 索 引

著者紹介

山本　和彦（やまもと　かずひこ）

　　　1961 年　生まれ
　　　1984 年　東京大学法学部卒業
　　　　　　　東北大学法学部助教授、一橋大学法学部助教授を経て
　　現　在　一橋大学大学院法学研究科教授
　　主　書　『フランスの司法』（有斐閣・1995）
　　　　　　『民事訴訟審理構造論』（信山社・1995）
　　　　　　『国際倒産法制』（商事法務・2002）
　　　　　　『倒産法制の現代的課題』（有斐閣・2014）
　　　　　　『民事訴訟法の現代的課題』（有斐閣・2016）
　　　　　　『ADR 法制の現代的課題』（有斐閣・2018）
　　　　　　『倒産処理法入門〔第 5 版〕』（有斐閣・2018）
　　　　　　『最新重要判例 250 民事訴訟法』（弘文堂・2022）
　　　　　　『解説 消費者裁判手続特例法〔第 3 版〕』（弘文堂・2023）
　　　　　　『よくわかる民事裁判〔第 4 版〕』（有斐閣・2023）
　　　　　　『Q&A 民事再生法〔第 2 版〕』（共編著、有斐閣・2006）
　　　　　　『ケースブック民事訴訟法〔第 4 版〕』（共編著、弘文堂・2013）
　　　　　　『倒産判例インデックス〔第 3 版〕』（共編、商事法務・2014）
　　　　　　『ADR 仲裁法〔第 2 版〕』（共著、日本評論社・2015）
　　　　　　『倒産法概説〔第 2 版補訂版〕』（共著、弘文堂・2015）
　　　　　　『倒産法演習ノート〔第 3 版〕』（共著、弘文堂・2016）

民事裁判手続の IT 化

2023（令和 5）年 7 月 30 日　初版 1 刷発行

著　者　山本　和彦

発行者　鯉渕　友南

発行所　株式
　　　　会社　弘文堂　　101-0062 東京都千代田区神田駿河台 1 の 7
　　　　　　　　　　　　TEL 03(3294)4801　振替 00120-6-53909
　　　　　　　　　　　　https://www.koubundou.co.jp

装　丁　宇佐美純子
印　刷　三報社印刷
製　本　井上製本所

ISBN978-4-335-35950-7